KALAHARI-KIND

KALAHARI-KIND

WILLEM D. KOTZÉ

PROTEA BOEKHUIS
PRETORIA
2003

Opgedra aan Arie en Hendrik

Kalahari-kind
Willem D. Kotzé

Eerste uitgawe, eerste druk 2003
Eerste uitgawe, tweede druk 2005

Protea Boekhuis
Posbus 35110, Menlopark, 0102
Burnettstraat 1067, Hatfield, 0083
protea@intekom.co.za

Tipografie en ontwerp deur Chérie Collins
Buitebladontwerp deur Chérie Collins
Reproduksie deur PrePress Images, Pretoria
Gedruk en gebind deur ABC-Pers, Kaapstad

ISBN 1-919825-84-3

INHOUD

"KOM UIT ... EK WIL VERBYGAAN"

Maar die Here sê vir hom: "Kom uit ... Ek wil verbygaan.
Skielik was daar 'n baie sterk wind ... Na die wind
was daar 'n aardbewing ... Na die aardbewing
was daar 'n vuur ... En na die vuur
was daar 'n fluistering in die windstilte.
(1 Kon. 19:11–12)

Die Kalahari wat ek as kind leer ken het, is aangrypend in al sy fasette. Dit is 'n landstreek waar die seisoene party jare ongemerk by mekaar verbyskuif en jy jou oë net op een verskynsel hou: die uitgerekte, vernietigende droogte wat al die jaargetye verswelg en na één laat lyk.

Die Kalahari kan 'n onbeskryflike lus vir die oog wees as dit reën. Andersyds kan hy heeltemal meedoënloos wees, sonder genade vir mens of dier wat nie weet hoe om deur hom te loop wanneer daardie lang, droë seisoen soos 'n vangnet deur 'n onsigbare hand oor hom gegooi word nie. Dan is die bosse dood en swart, die landskap kaal en vergaan en lewe gaan staan. Almal wat in die vangnet verstrengel is, het dieselfde stryd: hoe om daar uit te kom.

Sulke tye vee die sandstorms die duine se rûe kaal en gooi dae lank tonne dooie sand net waar dit wil. Op party plekke hoop 'n wal teen die hoë duine se kruine op, op ander plekke waai dit holtes uit sodat die arabome met hulle ontblote wortels lyk asof hulle op stelte loop. Die sterk wind waai elke grasspriet en droë blaar weg of begrawe dit onder die sand. En wanneer die sandriffels soos versteende kabbelings op 'n dam teen die duine lê, weet jy die Kalahari is dood. Dan is dit 'n ewige stryd vir almal teen die son, teen hitte en teen dors. En steeds waai die droë wind aaneen …

In die sterk wind was Hy nie …

En tog is die Kalahari in sulke tye nie heeltemal sonder lewe nie.

Sonbesies – daardie ewige lofsangers van die helder son – trek hul skurwe vlerke plat teen die droë takke van tn!ooi-bosse, oftewel haak-en-steek-bosse, en terwyl hul geskree die droë, warm lug skeur, rol die hittegolwe op wolklose middae oor die sand asof die hele aarde deur die hand van die Here geskud word. Dit omskep die rooi sand in 'n kaleidoskoop van bewegende patrone met 'n verblindende glans. Maar die Here is nie in die kaleidoskoop van vlamme en kleur nie, want Hy antwoord nie wanneer jy bid vir reën nie. Wanneer jy jou oë vir die pynlike skouspel sluit, kom die sonbesies se geskree op die leë luggolwe tussen die duine na jou toe aangerol dat jou ore van die eentonigheid suis. Gelukkig word dit kort-kort onderbreek deur die geblêr van 'n honger skaap in die skadu van 'n kameelboom. En die vlugroep van 'n broeipaar kelkiewyne wat van 'n ver waterplek af terugkom, laat jou oë in die blou lug soek tot jy die twee stippeltjies sien …

Die naspel van die son se verblindende lig en hittegolwe wat oor die aarde dein, is lugspieëlings wat jou begogel sodat jy water sien wat nie daar is nie, bome op 'n pan en 'n konstabel op 'n kameel wat agter die water aanry. Dan moet jy weet dat jy uitgeput en dors is. As jy dit nie weet nie en ook agter die woestynwater aanstrompel, is jy in groot moeilikheid.

Die krag van elke vernietigende droogte skud die Kalahari.

In die aardskudding was Hy nie …

Die Kalahari se droogtes hou soms jare aan. Later is dit net die swart stokke van vergane rosyntjiebosse, driedorings en tn!ooi-bosse wat bly staan sonder om 'n skaduweetjie te bied aan die maer steenbokooi wat tussen die bosse rondslinger op soek na 'n enkele droë blaar wat iewers vasgewaai het.

Uiteindelik staan die steenbokooi lank by 'n bos. Sy skud lusteloos haar kop wat amper op die grond rus. Sy is te swak en kan nie verder loop nie.

Sulke tye lyk dit asof 'n vuur die Kalahari verteer het en jy begin wonder of daar lewe in die droë stokke oorgebly het. Sal die gras ooit weer groei? Sóveel rysmiere het die Kalahari dan sonder ophou skoongevee en in onafgebroke strome die grassade al met die donker gangetjies langs weggedra na die afgeslote kamer van die mierkoningin wat nie mag sterf nie.

Die hitte is onbeskryflik en die songloed wat smiddae uit die sand opslaan en hard van bo brand, laat jou voel of jy in die Groot Vuur self staan. Jy wonder of die fyn grassaadjies wat dalk tóg onder die warm sand oorgebly het, ooit weer sal groei.

In die kaal veld beur die verhongerde diere in alle rigtings van jou af weg. Hulle is op soek na 'n grasspriet of kameelboompeul onder 'n boom. Jy sukkel om hulle bymekaar te hou. Die versengende hitte droog jou liggaam uit en dreineer jou kragte sodat jou tong dik in jou mond lê en jou lippe bars. Jy is lus om agter hulle aan te skree: "Loop vrek op 'n hoop, julle verdomde goed! Ek hardloop nie langer agter julle aan nie! Hoor julle my?"

Snags voel dit soos 'n bakoond in die huis. Dan dra elkeen sy matras uit en gaan lê buite in die nag waar die sterre oor jou skyn. En nooit het jy 'n enkele keer bedreig gevoel deur wie ook al die werf met jou deel of in die nag daar verbygaan nie. In die nanag moet jy jou toemaak, want die woestynkoue kom byt aan jou lyf.

Môre en oormôre, en altyd daarna, só voel dit vir jou, brand die son steeds soos 'n reusevuur in die lug.

In die vuur was Hy nie ...

Die droogtes word vererger deur windstiltes wat soms tot twee weke en langer duur, en in die strate tussen die duine hang die hitte in trillende golwe wat nie breek nie. Onder jou voete voel die rooi Kalahari-sand soos warm loog wat aan sening en vlees klou en dit gaandeweg stukkie vir stukkie wegvreet.

Die dorstige vee drink die dam by die enigste buitepos op die plaas sommer gou leeg en jy moet tot daar bo opklim om die windpompwiel te gaan draai. 'n Groot bees wat dors is, drink 40 tot 50 liter water op 'n warm dag. Hy hou nie op voor hy klaar is nie. As jy hom van die water af wegjaag, draai hy om en kom terug.

Wanneer die son vanaand sak, is alle kleur in die lug meteens uitgewis want daar is niks, nie eens stof waaraan die strale kan bly hang nie. En in die ontsaglike stilte van die wye ruimtes pak 'n moedeloosheid, amper hopeloosheid, jou beet.

Snags, wanneer dit koel is, hou jy aan die wiel draai sodat die beeste wat bulk en die skape wat blêr se dors geles kan word. Draai, draai, draai ...

Ons draai die windpomp by die agterste pos op Mullershoop, want voor op Wilheben, waar baie water is, is nie meer veld nie. Dit is opgevreet deur diere wat maer en honger is.

En jy kyk in die lug vir 'n teken, enige teken, van wind wat aan 't kom is: 'n ring om die maan of helder sterre wat, in stof gehul, rooi op die horison ondergaan ...

Môre, wanneer jou hande vol blare en jou lyf seer is, is die lug verruklik skoon en helder maar dit kwel jou. En in die aand is die horison steeds skoon waar die son ondergaan want daar is nie wind nie. Dan sug jy want die dag was baie lank en

warm en dit voel asof jou liggaam en jou moed deur die aan-
houdende windstilte gebreek is.

Maar in die windstilte was Hy nie …

Dit is sulke tye, wanneer die Kalahari se onafgebakende sei-
soene oor jou trek, dat jy voel om te skree: "Kom uit, Here,
dat ek U kan sien! Here, kom uit …"

Wanneer die reën tóg kom, is die Kalahari baie vrygewig.
Vrygewiger as die blydskap wat die mens in sy dankgebede
kan opstuur want waar sal jy die woorde vandaan kry om
dankie te sê vir die wonders wat opgehoop in die hande van
die Here lê en wat Hy so milddadig saam met die reën oor die
Kalahari uitstort? Wanneer jy dit ervaar, weet jy nie regtig wat
om te sê en hoe om jou dankgebed te bid nie. In wese is dit
bloot 'n versugting wat nie in woorde gesê kan word nie, maar
dit beteken steeds: "Dankie, Here!"

Lewe skiet uit vergane knolle en swamme wat jare lank on-
der die warm sand begrawe was, en groen grasspriete slaan op
uit die sand wat leeg en dood gelyk het. Droogtemense het
mos 'n ander soort kyk na die groen van gras, die malsheid
van opslag op die grond en die kleure van blomme aan die
bosse en bome. En die gevoel van hul harte is anders as dié
van mense wat droogtes nie ken nie.

Saam met die lewe wat ná die reën uit die nat grond bars,
vlieg 'n nuwe geslag rysmiere in die koelte van die aand uit
die nes en skud hul vlerke iewers op die klam, sagte sand af
sodat die mierkoningin wat nie gesterf het nie, se nageslag
kan vermenigvuldig.

Dan weet jy Hy oorheers alles in die Kalahari: die hitte, die
droogte, die sandstorms, die windstiltes en die reën.

Jy besef hoe klein jy is. En jy kom uit sodat Hý kan verby-
gaan …

En toe die Skepper daar verby is, het Hy ná die reëntyd nog
'n keer in die Kalahari gaan staan en lank daarna gekyk. Dit

het vir Hom mooi en na iets besonders gelyk. Toe glimlag Hy, want Hy het geweet Hy sal die skouspel nooit vergeet nie. Die Kalahari was in blom en Hy het besluit om eendag terug te kom. Hy hét dit gedoen, want ek kan bely: As kind het ek Hom daar tussen die duine gekry. Eintlik was Hy maar altyd daar: in die sandstorms, die hitte, die windstilte, die droogte … Ek moes net leer om sy spore op die rooi Kalahari-sand reg te lees.

PLEK VAN DIE ARABOME

Die plek se naam is nou Aranos. Vroeër dae, in die ou Suidwes-Afrika, was dit Arahoab. Plek van die arabome in die Nama-taal. Dit lê sowat 176 kilometer oos van Mariental in die Kalahari. Tussenin is Stamprietfontein, tans Stampriet, langs die Auob-rivier. Knap anderkant Stamprietfontein begin die rooi duine op dié deel van die pad wat ons in daardie dae gery het.

Ek skryf nie oor Aranos nie maar oor Arahoab en sy omgewing soos ek dit geken het in die dae toe ek daar in die primêre skool was en in 1945 standerd ses geslaag het.

Die pad van Stamprietfontein na Arahoab was net twee sandspore oor die hoë duine. Daar was feitlik nie motors op die pad nie. Dít het Arahoab in die uithoeke van die aarde geplaas en die mense wat daar gewoon het grootliks geïsoleer. Dat hulle, feitlik sonder enige kommunikasie met die buitewêreld, nie in agterlikheid verval het nie, getuig van die kaliber mens wat daar ingetrek het om die wêreld mak te maak.

Die belangrikste vervoermiddel was donkiekarre en hier en daar 'n ligte waentjie met motorbande wat deur ses donkies getrek is. Smiddags span jy 'n paar uur lank uit want die donkies sak in die warm, los sand van die duine weg tot by die muis. Dan gaan staan hulle in die tuie, trap rond en skop om die vuur wat uit die sand kom van hulle pote af te skud.

Dit was nie president Sam Nujoma wat ná die onafhanklikheid van Namibië die plek se naam na Aranos verander het nie. Nee, verwarring het dit reeds in 1951 gedoen. Daar is 'n plek in die suide met die naam van Aroab, naby Rietfontein op die grens van die destydse Unie. Pos en goedere wat per spoorwegbus na die onderskeie plekke gestuur is, het dikwels op die verkeerde bestemming aangekom. Dan was dit 'n haas onbegonne taak om die fout te herstel.

Arahoab het langs die Nossob-rivier gelê. Die eerste drie letters van die ou naam en die eerste drie van die naam van die rivier is gebruik om die nuwe naam te skep: Aranos.

Die Nossob was eens op 'n tyd 'n magtige rivier wat anderkant Gobabis in die noorde begin en die Kalahari sowat 1000 kilometer ver in twee verdeel. Waar dit die duinewêreld tussen Gobabis en Pretorius teëkom, loop dit meer as 800 kilometer in 'n suidelike rigting, feitlik parallel met die duine aan weerskante, op sy lang pad na die Molopo in die suide.

Ons was sowat 70 kinders in die skool, waarvan net nege nie in die koshuis was nie. Met uitsondering van 'n paar kinders wat later saam met hul ouers daar kom intrek het, was ons almal die eerste geslag wat in daardie deel van die Kalahari gebore is. Daardie dae het ons dit nie juis besef nie, anders sou ons seker 'n bietjie bors kon uitstoot – al sou dit niemand beïndruk het nie!

My broer Johannes was die oudste van ons twee en is deur die familie Boetie genoem. Ek was Billie. Ons het met donkies van Wilheben af skool toe gery. 16 myl heen en weer per dag. Langs die pad, drie myl van ons af, het Jol en Sarel van Zyl op Cambridge by ons aangesluit.

Ons het langs die Nossob aan die bokant van Arahoab gebly. Van onder langs die rivier, van Tara af, het Coen, Willie en Paultjie Brand gekom. Jurie van der Berg het 'n rukkie saam met hulle gery, almal met rydonkies. My broer en ek het die verste gery.

Daar was nie bome en riete op die rivieroewers nie, want die Nossob loop nooit lank genoeg om standhoudende kuile te vorm nie. Dit was sommer net 'n breë vaal streep wat daar lê. Dit het ook nie walle gehad nie en het dus baie breed geloop wanneer dit afkom. Dit het nogal gereeld in goeie reënjare gebeur. Die feit dat dit so breed geloop het, beteken nie dat die rivier nie ook soms baie sterk kon wees nie. Dit het vinnig geloop en die middelstroom se hoë branders het teruggeslaan, stroomop, met 'n dreuning wat jou bang gemaak het, veral wanneer jy in die nag skielik wakker skrik en nie verwag het die rivier gaan afkom nie. Dit was 'n dreigende en gevaarlike geluid wat onrus in jou gewek het, ook in die dag wanneer jy staan en kyk na die branders waarin die helder sonstrale rol en spartel om los te kom voor dit deur die donker stroom van bruin slik verswelg word.

As die krag van die stroom breek, is dit 'n stil rivier want daar is nie rotsbanke of klippe wat hom laat raas nie. Dan is hy stil en rustig, sonder opdrifsels, soos die omgewing waardeur hy loop.

Die rivier se vloed het nie landboukundige waarde gehad nie en kon ook nie skade aanrig nie want daar was nie grensdrade of 'n enkele drif of laagwaterbrug wat kon wegspoel nie. Waar die pad deur die rivier loop, is dit net twee spore. Maar ons almal wat skool toe gery het, het aan die verkeerde kant van die rivier gebly en elke keer wanneer dit afkom, is ons óf by die skool óf by ons huise vasgekeer.

Op Arahoab het net twee huise gestaan, dié van oom Jan van Zyl – pale en klei en 'n grasdak. En Lina Steyn se pa se huis. Dit het as "Die Vinknes" bekend gestaan, want oom Hendrik het 'n paar kamers aangelap wat hy verhuur het wanneer daar een keer elke vier maande 'n NG kerkdiens was, of wanneer daar een keer per jaar katkisasie en aanneming, wat 14 dae geduur het, was. Die predikant, ouderling en die paar jong meisies het katkisasietyd in die huis gebly, die seuns in 'n tent 'n entjie van die huis af in die son.

Jakob en Koot van Zyl en Lina het sommer skool toe geloop. Ek sou liewer elke oggend die kwartmyl of wat saam met Lina skool toe wou stap as om op 'n donkie se rug te sit, veral in die winter wanneer die ryp wit op die grond gelê het. Maar dit was nie oor die donkie of die ryp nie. Dit was omdat sy so mooi was.

Kerkdienste, in die koshuis se eetkamer, is gewoonlik waargeneem deur eerwaarde Joubert, wat oor die duine van Mariental af gekom het. Hy was 'n saggeaarde mens wat lang rukke met toe oë gepreek het. Dit het vir my as kind 'n beeld van opregtheid en saligheid geskep en ek het groot eerbied vir hom gehad.

Die week wat die kerkdiens voorafgaan, leer die onderwysers vir ons kerkmaniere. Ons moet stigtelik wees. Jy gaan sit nie op die punt van die bank nie, maar in die middel, anders moet die ander mense bo-oor jou klouter. Jy kyk nooit om na mense wat inkom nie maar reguit vorentoe. Jy praat of fluister nie in die kerk nie. Wanneer jy staan om te sing of wanneer die dominee bid, kyk jy nie rond nie. Nooit, maar nooit snuif jy in die kerk nie. Jy trek jou netjiesste klere aan en sorg dat jou hare glad gekam is.

Miskien was dit hierdie sedelesse van die onderwysers wat veroorsaak het dat ek so 'n besondere gevoel vir eerwaarde Joubert gehad het.

Die Gereformeerdes, wat ons die Doppers genoem het, het 'n kerksaaltjie op Omra, ouderling Martiens Viljoen se plaas, gehad. Hulle was hoofsaaklik Angola-boere. Naas die Viljoengesinne, waarvan daar 'n hele paar was, was daar vanne soos Ludeke, Horn, Du Preez, Ackerman, Fourie, Klopper, Van der Berg en Labuschagne. Dit is mense wat in 1928, as afstammelinge van die Dorslandtrekkers, deur die Unie-regering uit

Angola teruggebring is en waarvan sommige langs die Nossob aan die onderkant van Arahoab hervestig is.

Die Dorslandtrekkers was hoofsaaklik Wes-Transvaalse boere wat in 1877 en kort daarna hul plase verlaat en geweldige ontberinge deurgemaak het op hulle trek deur die dorre Kalahari waar baie vee en trekosse van dors gevrek het. In die pan- en moerasgebiede van die Okavango het baie Trekkers aan malaria gesterf. Tsetsevlieë het onder die oorblywende trekosse gemaai sodat baie waens tot stilstand gekom het. Ná baie omswerwinge het die oorblywende Trekkers hulle uiteindelik in 1886 in die Humpata-gebied van Angola gevestig. Dit was daar so vrugbaar "dat jou vinger gegroei het as jy dit in die grond druk".

Oom Martiens was 'n gerespekteerde en gesiene kerkman. Eintlik was hý die kerk. Die Doppers het 'n sterk samehorigheidsgevoel gehad en was baie lojaal aan hul kerk. Ons van die NG Kerk en hulle het nietemin gereeld mekaar se dienste oor en weer bygewoon. My pa, ma en 'n paar ander lidmate van die NG Kerk het selfs Nagmaal by die Doppers op Omra gebruik. Ek dink dit was oom Martiens se persoonlike optrede en waardigheid wat so 'n goeie verhouding tussen die kerke geskep het.

Baie van hulle was van die heel armste mense daar rond want hulle het met niks uit Angola daar aangekom. Dikwels was hul besittings net 'n tafel, 'n paar stoele en 'n bed. Maar die Angola-Doppers het hul kinders streng godsdienstig en kuis grootgemaak. Hulle was voorbeeldige kinders in die skool en koshuis op Arahoab en het in hul latere lewe goed rekenskap van hulself gegee.

"Dingaansfees", soos ons Geloftefees genoem het, vir die Onder-Nossob is ook in die kerksaal op Omra gehou. Min het ek geweet dat ek eendag self as spreker daar voor die ringkoppe en ander stoere Afrikaners van die kontrei sou optree.

Die dag voor Dingaansfees was gewoonlik gevul met 'n basaar, 'n gekuier by mekaar se waens, skyfskiet, boeresport en perderesies. Die aand is altyd 'n toneelstuk opgevoer.

Toe ek en Boetie in 1942 op Arahoab in die skool gekom het, was die skool pas elf jaar oud. Meneer A.B. de Waal was die prinsipaal en meneer Isak Burger en juffrou Olivier was sy assistente. Meneer Burger was 'n derduiwel. Om kinders te slaan, was sy stokperdjie. Hy het sommer maklik 'n rosyntjielat of twee per dag op die seuns flenters geslaan.

Wanneer die klok soggens lui, gaan staan ons in twee reguit rye voor ons onderskeie klaskamers. Seuns en meisies apart. Ons staan tjoepstil totdat Meneer, wat by die deur staan, sê ons kan inkom. Dan gaan staan ons in doodse stilte by ons banke tot hy sê ons moet sit. Die sitplekke mag nie raas wanneer ons dit laat sak nie. Nadat ons gaan sit het, was dit stilte en aandag.

Hierdie drie onderwysers is mettertyd opgevolg deur meneer A.L. Visser as prinsipaal, meneer Neels Beukes en juffrou Wiese. Hulle was nog daar toe ek in 1946 hoërskool toe is op Swakopmund.

Naas die twee huise, skool en koshuis was daar net die polisiestasie uit die tydperk van Deutsch-Südwestafrika. Dit het op 'n kalkheuwel gelê met die kameelstal aan die voet daarvan. Sersant Swanepoel, konstabel Chris Crafford en twee swart konstabels het die stasie beman. Konstabel Crafford is later met een van my niggies, Max van oom Jan, getroud en het aan die einde van sy loopbaan as 'n generaal-majoor afgetree.

Die paar geboue het daar in die son gestaan as die sentrum van geleerdheid, die gereg, kommunikasie en van geestelike versterking en groei wanneer die predikant twee keer per jaar kom om 'n diens te hou, kinders te doop en Nagmaal te bedien.

Buiten die skoolkinders het Arahoab 'n bevolking van 27 mense gehad: wit en swart, groot en klein.

Daar was nie elektrisiteit op Arahoab nie en geen kaggels in die klaskamers nie, al was harde kameelhout volop. Ons het kerse en paraffienlampe met pitte gebruik. In die koshuis se eetkamer, waar ons ook aandstudie gehad het, was van die soort lampe wat jy moes oppomp en wat met 'n sakkie gebrand het. Dit was so helder dat dit die hele eetsaal verlig het.

In standerd ses was ek in die koshuis omdat Boetie toe uit die skool is. Dit is nie omdat ek nie meer donkie wou ry nie. Nee, die dekselse ding wil mos nie loop as hy alleen is nie.

Daar was nie spoeltoilette by die skool en koshuis nie. Ou Edward, 'n Herero wat ook in die kombuis gewerk het, moes die emmers se inhoud in die sand van 'n rooi duin daar naby gaan begrawe. Sommer net kniediep elke keer, want dit was 'n groot duin met baie bergplek. Hy het die emmers twee-twee daarheen aangedra. In die warm, droë sand het die inhoud daarvan sommer gou vergaan. Geen reuk het ooit ontsnap nie en dit het nie vlieë gelok nie.

By die polisiestasie was 'n radiosender waarvandaan telegramme na die poskantoor op Mariental gestuur kon word. Die stasie het ook telegramme ontvang maar daar was niemand wat dit kon aflewer nie, behalwe wanneer die polisie toevallig die een of ander tyd op patrollie in daardie rigting gegaan het of wanneer iemand skoolkinders met sy donkiekar kom haal. Dit het nie baie gebeur nie. Daar was nie iets soos uitnaweke nie. Buitendien het die afstande die afhaal van kinders met 'n donkiekar feitlik onmoontlik gemaak.

Wanneer die telegram 'n doodsberig gebring het, is die persoon goedskiks al drie weke of langer begrawe teen die tyd dat die tyding die familie bereik.

Almal was baie arm in daardie dae. Dit was aan die vooraand van die latere florerende karakoelbedryf en min mense het toe nog goeie bloed van dié gesogte diere gehad. Afset vir slagvee was daar glad nie en wolskape het nie geaard nie. Die

Kalahari word gans te warm, en die merino's het aan die tn!ooi-bosse vasgesit. Dit het nie saak gemaak dat ons arm was nie. Ek het nooit iemand daaroor gehoor kla nie. Dit is seker dié dat ek vandag nog terugverlang na die kontrei van my kleintyd waar almal dieselfde was.

Die meeste mense het nie kontant gehad om skool- en koshuisgeld te betaal nie. Hulle het skape, bokke en beeste gegee. Vandaar die feit dat die skool wat in 1931 met 26 leer-linge begin is 'n redelike groot boerdery gehad het.

Daar was net een windpomp wat die koshuis, die twee huise, die polisiestasie en die skool se diere – ongeveer 600 stuks klein- en grootvee – van water moes voorsien. As die windpomp breek of as die wind dae aaneen nie waai nie, moes die groot seuns wip trek, en die boorgat was meer as 500 voet diep. Die water het darem opgestoot tot so 300 voet van bo af. Ons het vier-vier aan die lang hefboom – 'n sterk boomtak wat kaal gekap is – gehang om die water bo te kry. Ons het soggens vroeg en namiddae laat wip getrek, anders versmoor jy in jou eie sweet as die Kalahari-son jou daar by die wip vastrap, veral as dit 'n windstilte is wat jou getref het. Dan bly lê die son se strale doodstil op jou lyf en die hitte wat uit die grond opslaan, laat dit voel of jy naby die Groot Vuur staan.

Oom Jan van Zyl was in beheer van die skool se boerdery. Sy klei-en-pale-huis met die grasdak het sommer daar vlak by die groot kraal gestaan. Die kraal was van kameelboompale wat styf teenmekaar in die grond geplant was sodat 'n bees nie sy kop daardeur kon steek nie. Hy moes elke oggend vroeg twee slaggoed vang en by die kraalhek vasmaak waar die skool se slagspan hulle net ná dagbreek kom haal het. Daar was twee slagspanne van vier seuns elk wat mekaar al om die ander week moes aflos. Daar was ook twee bakspanne van twee man elk wat elke tweede dag twee sinkbaddens vol deeg moes knie vir genoeg brood.

Die slagspan kon vir hulle die punte van die skape se vet sterte en een lewer op die kole braai. Die bakspan kon met ou Edward se hulp twee roosterkoeke op die koolstoof bak en uitgebraaide skaapvet daarop smeer.

Die koshuis se proviand, wat uit die Unie bestel en met die trein tot op Mariental gebring is, het bestaan uit sout, suiker, mieliemeel, stampmielies, mieliegruis en gedroogde ertjies. Af en toe is gedroogde vrugte bekom. Dit was in die tyd van die Tweede Wêreldoorlog en alles was baie skaars.

Die voorrade is van Mariental af per spoorwegbus tot op Stamprietfontein vervoer. Daar is dit per donkiewa deur een van die ouers afgehaal, 65 myl van Arahoab af. Die persoon wat dit gaan haal, woon bes moontlik ook nog 30 tot 40 myl van Arahoab af. Dit het meestal meer as 'n maand geduur vandat die voorrade versend is tot dit op Arahoab aankom, en teen daardie tyd was alles dan met miet besmet. Die koshuiskinders het dit maar net so geëet. Daar was niks anders nie. Vars vleis en melk saam met die pap was gelukkig voldoende.

Die tog van Arahoab af Stamprietfontein toe oor die duine wat vir nagenoeg 50 myl dwars voor jou gelê het, was vir mens en donkie vermoeiend, al het die ligte soort waens motorbande pleks van ysterwiele gehad. Teen elke duin klim die togryer af en strompel deur die los sand; nie om die wa ligter te maak nie maar om die donkies te kan slaan. En wanneer hy vir die nag uitspan en die donkies bly staan 'n rukkie met stywe bene by die tuie voor hulle wegstap om te gaan rol, weet hy hulle is gedaan.

Oom Rooi Stoffel Binneman wat rivierop omtrent 20 myl van Arahoab af geboer het, het elke agt dae of so groente met sy kar en perde vir die koshuis gelewer. Dit het bestaan uit wortels, beet, uie en kool. Aartappelmoere was nie in daardie wêreld beskikbaar nie. Frans, Lenie, Chrisjan en Gert Liebenberg – laasgenoemde 'n grootmaakkind van oom Stoffelhulle – was op Arahoab in die koshuis. Lenie is later getroud met neef John, 'n broer van oom Jerry van wie ek nog baie gaan vertel.

Baie ander mense sou ter wille van die geld ook graag groente wou lewer maar feitlik al die plase se water was brak en nie vir tuinbou geskik nie. Oom Stoffel was gelukkig om artesiese water, wat springwater genoem is, te hê. Op Wilheben het ons ook springwater gehad en hoewel ons baie groente en vye gehad het, het ons nooit daarvan verkoop nie. Die bure wat kom kuier het, kon dit verniet kry. Ons het ook beddings vol lusern gehad.

Ons moes ons skoolboeke en skryfbehoeftes koop. Die skoolhoof het dit van die Departement af bestel en dikwels op skuld aan die kinders voorsien. Ink is met poeier en water aangemaak en was gratis. Elke bank het twee porseleininkpotjies gehad, een aan die regterkant en een in die middel. Iemand wat met die hotklou geskryf het, het aan die regterkant gesit sodat hy saam met sy bankmaat die middelste potjie kon gebruik. Dikwels het die ink rondom die inkpotjies gedrup. Ons moes twee keer per jaar op 'n Saterdagoggend al die banke uit die klaskamers dra en dit dan deeglik skrop.

Geen ouer het ooit daaraan gedink om nie sy geldelike verpligtinge ten opsigte van skoolboeke en koshuisgeld na te kom nie, al was die omstandighede ook hoe haglik. Daar was nie so iets soos beurse of afskryf van skuld nie. Elke pennie moes betaal word.

Só het Arahoab in daardie dae gelyk. Dit was moeilike tye vir almal maar seker meer só vir die onderwysers en polisiemanne wat daarheen verplaas is. In daardie dae kon hulle nie vir standplase aansoek doen nie. Aanvanklik moes hulle seker soos bannelinge gevoel het. Arahoab was so ver, doer in die Kalahari. Sonder geriewe en onhoudbaar warm in die somer. Die hartlikheid en gasvryheid van die Kalahari se mense het

hulle egter gou tuis laat voel. Elkeen van hulle het 'n reuse-
bydrae gelewer om 'n geslag kinders – wie se ouers self haas
geen skoolopleiding gehad het nie – by te staan en vir die
lewe voor te berei.

As ek vandag terugkyk op die materiaal wat sommer van
vroegtyd af uit daardie skool gekom het om ingenieurs, me-
diese dokters, regsgeleerdes, professionele en beroepslui te
lewer, weet ek die fondamente is reeds daar in die beginjare
deur 'n paar toegewyde persone gelê.

NIEMANDSLAND

Met die verowering van Deutsch-Südwestafrika in 1914 deur generaal Louis Botha se Unie-troepe was dié deel van die Kalahari waar ons later gaan bly het, nog niemandsland. My oupa aan moederskant, Marthinus Jacobus Janse van Rensburg, kommandant van Wes-Transvaal in die Anglo-Boereoorlog, het in 1914 as 'n kolonel in generaal Louis Botha se troepemag aan die inval in Deutsch-Südwestafrika deelgeneem. Hiervoor het hy 'n DSO-medalje van Brittanje ontvang. Ná my pa se dood in 1981 het my ma dié medalje vir my gegee. My eie moeder het dit van my oupa geërf. Dit is 'n pragtige medalje van gebakte emalje en goud; 'n kosbare aandenking. Dit was die eerste keer dat ek van die bestaan van die medalje gehoor het. Daarna het ek gehoor dat my oupa 'n rits medaljes verwerf het. My oorlede moeder se broers en susters het dit gekry. Later het 'n neef van my uit die Van Rensburg-familie dít wat daarvan behoue gebly het, bekom.

Die eens magtige Nossob was reeds voor menseheugenis 'n fossielrivier met geen fonteine of standhoudende water nie. Daar was net water wanneer dit baie reën maar dan loop die rivier vinnig af en die paar waterkuile wat oorbly, droog binne 'n paar dae op. Wild was wel volop, maar gebrek aan standhoudende water het tot gevolg gehad dat niemand voorheen in ons kontrei gewoon het nie. Dit was 'n leë, verlate landstreek.

Die Duitsers was die eerste om 'n polisiestasie in die gramadoelas te Arahoab te vestig. Die paar polisiemanne het 'n put sowat 50 voet diep op die oewer van die rivier gegrawe en 'n primitiewe handkatrol van kameelboomstompe gemaak om die water na die oppervlak te bring. Die water was egter baie brak en nie geskik vir tuinmaak nie. Hulle het 'n kameelstal met 'n hoë dak gebou om die kamele snags teen leeus en tiers te beskerm. Bedags is hulle opgepas.

Ja, ons het tier gaan jag, nie luiperd nie. Oom Coen Brand se voorkop is deur 'n tier oopgeskeur. Hy het toe oom Coen Tier-kop geword. Vandag nog kom daar so af en toe 'n tier op iemand se plaas aan.

Toe ek in 1942 op Arahoab in die skool kom, was die put nog steeds in gebruik om diere water te gee. Hulle was lief vir die brakwater. Die kameelstal en stasie was ook nog daar en steeds deur die polisie gebruik.

In die Geskiedenisklas het ons geleer hoe die blankes die oosgrens van die Kolonie skoongemaak het in al die oorloë teen die Xhosas en hoe die Voortrekkers die Zoeloes by Bloedrivier verslaan het. Daar was 'n onderdrukte vrees in my vir wraak deur die swart mense. Ek was bang hulle kom eendag terug en kom vra hul land en dan vermoor hulle die wit mense soos wat hulle daardie tyd by Bloukrans en Weenen in Natal en op plekke in die Oos-Kaap gedoen het. Maar dan was ek baie verlig, asof ek uit 'n droom wakker word, oor die wete dat niemand hier waar ons in die Kalahari bly, verslaan is nie. Hier lê nie bloed of selfs net spore van swart mense op ons grond nie.

Ná die verowering in 1914 het Deutsch-Südwestafrika Suidwes-Afrika geword. Die Administrasie, wat deur die Unie onder 'n mandaat van die ou Volkebond gevestig is, het daardie deel van die Kalahari in plase begin opmeet. Hulle was angstig om boere daar te vestig en het gehelp om boorgate te sink. Hulle het die plase onder graslisensie beskikbaar gestel. Dit was hoof-saaklik boere uit die Unie wat daar ingetrek het.

Die plase weerskante van die Nossob is in twee dele uitgemeet. Die deel wat aan die rivier grens, is die voorste deel genoem. Die Administrasie het net op die voorste deel vir water geboor. Die agterste gedeelte, met aparte kaart, is as kroongrond behou maar later is 'n eerste opsie aan die persoon wat die graslisensie gehad het, gegee om dit te koop. Die eienaar kon hierdie plaas self 'n naam gee. So het ons plaas Wilheben se agterste deel Mullershoop geword.

My ma, Johanna Susanna Susara Jacoba Janse van Rensburg, is op 19 Mei 1936 op 25-jarige ouderdom aan malaria dood. Ek was toe vyf jaar en vier maande oud. My pa is in 1939 weer getroud met Johanna Georgina Muller. Sy was 'n nooi van Bultfontein in die Vrystaat en koshuismatrone op Pretorius. Boetie en ek het aan die begin van die jaar daar begin skoolgaan. Ons het aanvanklik 'n myl skool toe en terug geloop. Later in die jaar is ons koshuis toe. My pa is toe met haar getroud, en Mullershoop is na haar vernoem.

Sy het verdien dat die plaas na haar vernoem word want sy was vir ons soos 'n eie ma. Sy was saggeaard en skraal, met ligte hare en blou oë. Saam met my pa het sy hard op Wilheben gewerk.

Cambridge van oom Koot van Zyl, direk langs ons, se agterste gedeelte het die gepaste naam Oxford gekry. Oom Koot se seun Frederik het dit gekoop. Die tweede plaas onderkant Arahoab was Westminster. John van oom Koot het dit later gekoop. Toe bly die Van Zyls op Cambridge, Oxford en Westminster. Hulle het egter almal hul grond later verkoop.

Party plase is toegeken nog voor die boormanne daar kon opdaag. Die eienaar het dan self 'n put gegrawe, gewoonlik langs die rivier. Gelukkig was die grond nie hard nie want dit het uit verskeie gruislae bestaan wat die magtige rivier oor honderde jare opmekaar gestapel het. Die water is gewoonlik op 50 tot 65 voet gekry maar dit was sonder uitsondering brak. Oom Jan, my pa se broer van Alexandria, omtrent 15 myl rivierop van ons af, het ook self 'n put gegrawe en 'n windpomp opgesit.

Die wonder van hierdie droë wêreld is sy springwater. Die boormanne het hul stampbore gedryf om ongelooflike dieptes van 1000 voet en selfs meer te bereik. Wanneer hulle uiteindelik die boor deur die bloulei stamp, spuit die helder, vars fossielwater, wat vir 1000 jaar onder die leiklip saamgepers was maar helder en vars gebly het, met geweldige krag uit die grond. Die boorgat het 'n "kysieng" gekry en 'n reusekraan van ses tot agt duim is daarop gemonteer om die water, wat andersins dag en nag sou loop, af te sluit.

Die graslisensie en koopprys van plase met boorgate was aansienlik hoër as dié waarop slegs 'n put gegrawe was. So het my pa byvoorbeeld baie meer vir sy plaas met 'n springwaterboorgat betaal as wat oom Jan vir syne met 'n put betaal het.

Solank as jy die plaas onder graslisensie het, word die koste van verbeteringe wat jy aanbring – soos byvoorbeeld 'n dam, dipgat, kraal of kamp – van die huurgeld afgetrek. Dieselfde het gegeld as jy 'n huis bou, maar heelparty mense het toe nog in beskeie hartbeeshuisies gewoon, dikwels van pale en klei met 'n grasdak. Die gras is sommer in die veld gesny. Sommige boere het wel van die begin af 'n steenhuis met sinkdak gebou.

Elke hartbeeshuis met 'n grasdak het sy eie reuk gehad. Party keer is op 'n oop es in die huis vuurgemaak. Die rookgeur wat in die grasdak bly hang, is bepaal deur die soort hout wat gebruik is en of die gras nog nat was toe daar die eerste keer in die huis vuurgemaak is. Die huise het kleivloere gehad wat met vars beesmis gesmeer is. Mense wat nie beeste gehad het nie, het vars bloed van 'n slagding met water verdun om die vloere mee te smeer. Dit het 'n byna swart kleur aan 'n kleivloer gegee. Elke smeersel het natuurlik sy eie reuk gehad. Ek kan nie sê dat dit ooit vir my afstootlik was nie. Vandag sal ek seker anders daaroor voel, en ek verkwalik niemand wat nie daarmee grootgeword het nie en dit as agterlik en onhigiënies beskou. Die mense van daardie tyd moes egter 'n plan maak teen die sand en stof in hul huise en ek weet van niemand wat ooit as gevolg van 'n misvloer siek geword het nie.

Dat hierdie gebied 'n niemandsland was, word ook bewys deur die feit dat daar nie oorblyfsels van vroeëre bewoners op die oewers van hierdie eens magtige rivier gevind is nie. Daar was nie een klip op 'n ander gestapel om aan te dui dat daar veekrale, skerms of hutte was nie. Daar was plek-plek kalk-wande, -kranse en -nisse – kleiner as grotte – langs die Nossob en in diep kalkslote waar Boesmans hul tekeninge en gravures sou agtergelaat het wanneer hulle van tyd tot tyd daar oorgestaan het. Niks! Die hele streek was 'n droë, dors-tige, geslote gebied waarin geen mens hom gevestig het voor die blankes water diep onder die aarde vir hulle en hul diere kom uithaal het nie. Selfs so onlangs as 1835 tot 1862, toe Jonker Afrikaner die Namas en Herero's met gewere en perde uit hul tradisionele woonplekke verdryf het, het hulle nie hul toevlug tot hierdie uitgestrekte gebied geneem nie. Dit was as 't ware 'n weggooiland.

'n Mens hoef nie te raai hoe magtig die Nossob-rivier was nie. Die bewyse lê voor jou oë. Tussen ons plaas en Cam-bridge van oom Koot van Zyl het die rivier in 'n suidelike rigting geloop maar op Cambridge oos geswaai. Dit het deur 'n stuk of agt duine gebars en toe weer duskant Arahoab sy suidelike koers, parallel met duine weerskante gevolg. Die duine waardeur hy gebars het se verspoelde punte lê een tot twee myl van mekaar af.

Die kante van hierdie oerrivier, waar die water honderde jare hoog teen die kalkrante gelê en klots het terwyl die stroom voortsleur, is duidelik sigbaar. Die kalkbanke aan weerskante van die bedding, plek-plek meer as 'n halfmyl van die huidige droë loop af, is weggevreet om duidelike walle te vorm. Dit moet vir baie, baie jare voldoende stand-houdende water gehad het om 'n wêreld se wild en 'n menig-te mense te onderhou. Maar onder die oorhange van die kalk-banke wat so deur die water weggekalwe is, word net skul-pies aangetref sonder enige beduidenis van mense wat daar gewoon het.

Hierdie gebied is vandag so warm en droog dat daar nie eens sprake van tuinslakke is nie, wat nog te sê van slakke in die veld! Maar weerskante van die rivierbedding, sowat 'n halfmyl van moontlike water af, hoog onder oorhange en in kalkskeure, lê skulpies wat soos skroewe geriffel is. 'n Ander soort lyk soos gewone tuinslakke, net heelwat groter.

Ek en Boetie het as kinders gereeld lammerooie in die kalke weerskante van die rivier opgepas en meegeding om die groot-ste skulp vir die dag op te tel. Ons het gereeld onder die oor-hange van die kalkbanke ingekruip en in skeure afgeklim om die skulpies by te kom. Ons het nooit beendere of werktuie daar gevind nie, net ystervarkpenne. Die geriffelde skulpies – 'n bietjie meer as 'n duim lank, omtrent 'n kwartduim wyd by die bek en spits na onder – was die sterkste van die twee soorte. Dit was duidelik 'n meer resente spesie as die tuinslakfamilie. Laas-genoemde se skulpe was dof, verweer, bros en dikwels vol slik soos lopende water herhaaldelik oor die leë doppe hoog teen die oewers gespoel en dit mettertyd met slik gevul het. Ons het gevind die skulp was hoe groter, hoe brosser.

Sover ek weet, is daar nog nie 'n studie van hierdie feno-meen gemaak nie, en ek vind dit vreemd dat ons nooit op skool in Aardrykskunde iets van hierdie magtige oerrivier geleer het nie.

Vroeëre mense het wel tydelik in die gebied vertoef. Soms het ons 'n verweerde volstruiseierdop met 'n gaatjie aan een punt tussen die duine opgetel waar die wind dit oopgewaai het. Dit was die enigste bewys dat Boesmans eens op 'n tyd op die wildspore daarlangs verby is en water begrawe het vir latere gebruik. As die wind so 'n eierdop jare later oopwaai, beteken dit hulle is nie weer daarlangs verby nie. 'n Boesman vergeet nooit waar hy sy water begrawe het nie.

'n Speletjie wat ek en Boetie graag daar agter die lammerooie gespeel het, was om die skulpies se skerp punte teen mekaar te druk. Die twee punte moes presies teen mekaar pas, dan druk ons versigtig sodat dit nie van mekaar af weggly nie, tot een se punt in die ander ingedruk word wanneer sy groewe meegee of dit breek. Die skulpe was nogal sterk en die sterkste een was die wenner. Die verloorder soek vir 'n vale na 'n nuwe skulpie wat dalk sterker is en daag weer die wenner uit.

Was dit nie vir hierdie soort kindervermaak nie, sou die dae agter die lammerooie maar eentonig gewees het.

Só het daardie stuk niemandsland bewoon geraak, en elkeen wat destyds daar ingetrek het of in die Kalahari gebore is, het sy deel bygedra om dit mak te maak. Al was dit net om as kind 'n boom met 'n petrolblik nat te dra of skaap op te pas.

Vandag staan daar nog baie van daardie bome op Wilheben wat ek en Boetie met 'n petrolblik natgedra het. Dit dien as monumente van 'n era wat verby is: 'n era van swaarkry en armoede maar ook van hande uit die moue steek om vir jouself te sorg. Daardie bome lewer vandag nog vragte peule wat kosbare voer vir diere in droogtetye is. Die pioniers wat daar ingetrek het, het die Kalahari in 'n bewoonbare land omskep, armoede oorwin en 'n erfenis nagelaat van vindingrykheid, omgewingskultuur, landelike ontwikkeling en selfs finansiële rykdom.

PIONIERS

Die pad van Stamprietfontein af het by ou meneer Vogelbruck se plaas langs die Nossob uit die duine gekom.

Meneer Vogelbruck was 'n stoere Duitser uit die era van Deutsch-Südwestafrika. Ek verstout my om te sê hy was van die *Herrenvolk*. Hy het ook so 'n bietjie neergesien op die Afrikaanse mense. Hy was kort en geset met 'n blinkkaal kop en ronde gesig wat vroegdag al geglim het van die sweet. Sy goue brilraam was so fyn dat dit soos 'n dun draadjie langs sy kop gelyk het. Hy het 'n groot huis met 'n studeerkamer gehad waarin die boekrakke van die vloer tot teen die dak gestrek het. Dik leergebinde boeke was netjies daarin gepak. Ek was te klein om die waarde daarvan te besef, maar ek het ontsag gehad vir die man wat so baie boeke gehad het.

Hy het 'n winkeltjie gehad en ook die pos gehanteer. Daar is nie 'n beter beskrywing daarvoor nie want die winkeltoonbank was ook die postoonbank met die Vogelweide-stempel. Die pos was in 'n boks. Hy het nie gelol om dit te sorteer nie. Daar was nie só baie briewe nie. Elkeen wat pos kom haal, krap maar saam met hom in die boks tot jy kry wat joune is. Baie mense wat winkel toe gekom het, het nie eens soveel moeite gedoen nie. Hulle het nie pos verwag nie.

Hy het darem altyd 'n paar seëls gehad. Die posgeld was toe een pennie. As jy 'n posorder wou hê, gee jy die geld vooruit en hy laat haal dit vir jou van Stamprietfontein af.

Maar dit het 14 dae en selfs langer geduur, want hy moes dit met 'n donkiewa laat haal.

Die plaas se naam is eintlik Naboes, maar almal het van Vogelweide gepraat omdat dit op die posstempel verskyn het. Van Vogelweide af het die tweespoorpad rivierlangs geloop, by Arahoab verby tot ongeveer 50 myl verder. Daar het die "beskawing" geëindig. Verder aan tot by die Gemsbokpark in die suide het toe nog nie permanent mense gewoon nie. Dit was 'n oop wêreld waarin groepies Boesmans agter die wild aangeswerf het.

Ek en Boetie moes baie keer die pos te voet op Vogelweide gaan haal. Dit was nege myl soontoe. As jy vroeg loop en nie teen die middag terug is nie – en dit ná 18 myl – was my pa gewoonlik hewig ontsteld en wou dan weet waar ons die hele dag rondgelê het.

Daar het drie plase tussen ons en Vogelweide gelê: Die eerste was Matru van oom Steppie en ant Fransiena van Wyk. Oom Steppie en ant Fransiena het toe nog nie kinders gehad nie. Hulle was lede van die Afrika Evangelie Bond (die AEB's genoem) en was diep gelowig. Hulle was altyd op die uitkyk vir sonde wat die bure doen. Mersa was weer oom Jim en Ou Mies Galloway se plaas. Hulle was broer en suster. Sy het baie plooie gehad en dit het altyd gelyk of haar mond en neus na mekaar toe trek, so suur was sy. In 'n geselskap het sy so tussenin graag 'n paar sinne in Engels met oom Jim gepraat, net om almal te laat verstaan dat hulle twee verhewe is bo die kontrei se mense wat net kon "yes" en "no"! Haar naam was eintlik Francis. My pa en ma het lank vir haar "juffrou" gesê voor hulle haar op haar naam begin noem het, maar omdat sy so 'n regte ou "English lady" was, het ons haar agter haar rug Ou Mies genoem. Oom Jim was 'n joviale mens met 'n goedige glimlag maar hy was vrekbang vir sy suster wat hom verskriklik gehiet en gebied het.

Dan was daar oom Wessel se plaas Cleopatra. Hy was my pa se jongste broer en ongetroud. Oom Jerry en ant Bettie het ook sonder kinders op Cleopatra gebly. Oom Jerry was die oudste seun van oom Jan, my pa se broer van Alexandria. Tussen ons en Arahoab was net een plaas: Cambridge van oom Koot van Zyl. Daar was ses seuns in die huis, maar dit was drie myl van ons af. Ons het mekaar eers twee jaar later leer ken toe ons in standerd drie op Arahoab was. Ek en Boetie was lank alleenkinders, sonder maats om mee te speel. En baie keer het ons verskriklik baklei.

"Ja, 'swênkie' name wat die boormanne van daardie tyd ons plase gegee het!" het my pa altyd gesê wanneer 'n vreemdeling 'n opmerking oor die klomp uitheemse name maak.

Van al die mense wat ek genoem het, was dit net my pa wat 'n motor gehad het. Donkiekarre was nie juis rygoed vir ver kuier nie. Dit was feitlik net bure wat af en toe bymekaar gekom het. Die paar mense wat ek hierbo genoem het, was feitlik die enigste wat ek as kind geken het. (Net ant Fransiena van Wyk leef vandag nog. Sy was reeds 80 en woon by haar dogter Marie op Plettenbergbaai.) Ek het net geweet onderkant Arahoab bly ook mense. Op Arahoab en verder langs die rivier af was ook nie 'n enkele motor nie. Toe ons daar gekom het, het die polisie met kamele gery, hulle het eers later perde gekry.

Die plase langs die Nossob was die voorste linie van blanke boere, die pioniers van die Kalahari. Die magistraat, spoorwegstasie, predikant en enigste dokter was 110 myl ver op Mariental. Dit was haas onmoontlik om 'n siek mens by die dokter te kry. Ek het gehoor my pa-hulle sê hulle weet nie hoe dokter Van Niekerk aan die lewe bly nie want hy het nooit rekeninge gestuur aan die mense wat so gesukkel het om by hom uit te kom nie.

Van die Nossob af tot teen die grens van Betsjoeanaland, tans Botswana, het die aarde ongerep gelê soos dit uit die Skepper se hand gekom het. Geen bees of skaap se poot het toe al verder as die eerste ry plase gekom nie, en geen byl het aan 'n boom se stam gekom om trekpale te kap nie. Dit was my beskore om dit só te sien en saam met oom Jerry die eerste blankes te wees wat in dele daarvan geloop het. Ek was menigmaal saam met hom wanneer hy met sy kar en vier wit donkies diep die Kalahari ingery het na die groot panne toe waar die wild in troppe van honderde gebrak het. Ongelukkig was ek te jonk om te besef watter historiese en avontuurlike oomblikke dit was. Dit was maar net heerlike dae saam met oom Jerry in die veld. Ek het nie een keer gaan staan om na die stilte te luister nie. Nie eens 'n voël het geroep nie. Dit was te ver van water af. Die vlugroep van kelkiewyne wat terugkom van ver waters af, het ek gehoor maar ook nie gehoor nie want ek was gewoond daaraan. Hulle het in sulke groot swerms by ons gronddam langs die Nossob kom sak dat die grond langs die water 'n kaneelkleur gekry het.

Oom Jerry was my neef maar ons moes vir almal wat tien jaar ouer as ons was, "oom" en "antie" sê. Buitendien het ek baie respek vir hom gehad.

Daardie ongerepte deel van die Kalahari het nie water gehad nie. Dit was 'n ontsaglike lap aarde waarop duisende springbokke, gemsbokke, blouwildebeeste en elande vrylik geloop het. Die blouwildebeeste het met die koms van die winter noordwaarts getrek. Die toue was myle lank en onder 'n stofkombers bedek. So onafgebroke was die steunende, blasende stroom trekkende diere dat hulle dae lank oor die plaas gehardloop het. Daar was nie 'n magnetiese of magiese krag soos dié van 'n bye- of mierkoningin wat hulle aangetrek het nes toe nie, net 'n oerinstink wat hulle oor die droë sand-paaie gelei het na ou loopplekke op groener velde waar hulle kon gaan kalf. Dit was asof hulle die trekpaaie onder die sand sien lê het waar dit ná die vorige jaar se trek, en honderd jaar voor dit, deur die stofstorms toegewaai is. Hulle het altyd dieselfde roete gevolg.

Van Alexandria af tot by die heel laaste plaas onder langs die Nossob was daar in daardie dae nie 'n enkele lyndraad gespan nie. Maar my pa het goed geweet waar die lyndrade van sy plaas moet loop. Hy het sy landmeterskaart goed bestudeer en mettertyd, meestal te voet, al die hoekbakens tussen die duine gekry. Die tye wat ons skaap opgepas het, het ons baie streng opdrag gehad om nie in ons bure se veld te kom nie want my pa self was baie kwaad as die bure se skape en bokke in sý veld kom. Daarom was hy die eerste boer in daardie deel van die Kalahari wat sy plaas afgekamp het. Ons het in 1940 op Wilheben gekom en in 1949 met die lyndrade begin. Die draad van ongeveer 30 myl was die volgende jaar klaar gespan, sonder enige skuld.

Toe die ganse wêreld daarlangs oop gelê het, het die wild op die reënspore langs gekom en gegaan. Sommige jare kon jy van jou huis se stoep af 'n bok skiet. Ander jare het jy die hele dag met die kar en donkies in die veld gery sonder om 'n enkele springbok te sien. Dan is hulle weg na die ver plekke waarheen die geur van reën hulle roep terwyl die boere se vee van droogte vrek. Ons kon nie agter die wild aantrek nie want op die pad wat hulle geloop het, was nie water nie.

Tiers en wolwe was volop in daardie wêreld en saans wanneer die son sak, het die groot mannetjiesjakkalse hulle stemme in kore laat hoor wanneer hulle wyfies soek of waarskuwings gee om hulle gebied te beskerm. Jagluiperds en bobbejane het nie by ons in die Kalahari voorgekom nie en leeus het selde tot by ons op Wilheben gekom.

Ons moes snags rondom die skape vuurmaak om hulle teen roofdiere te beskerm. Dikwels het ons by hulle geslaap om die vure deur die nag aan die gang te hou. Ek het na die geblêr van ooie en lammers geluister en geleer dat 'n skaap anders op 'n werf blêr as wanneer hy loop en wei. Die geblêr van skape was vir my mooi, veral in die veld. Dit was asof daar heimwee in elke stem lê. Die blinkaargras en kameelbome het my meer bekoor as die opwinding om met 'n geweer op 'n gemsbok aan te lê.

Koeie wat in die nag vir hul kalwers bulk, het my onrustig gemaak. Ek kon nie slaap nie. Daar was altyd vir my iets onheilspellends omtrent die nag wanneer die koeie bulk.

Die Kalahari was 'n jagtersparadys. Elande was kroonwild en mog nie geskiet word nie. Dit was egter die lekkerste vleis in die Kalahari en feitlik niemand kon die versoeking weerstaan om in die winter minstens een eland onder die polisie se neus te skiet nie. Die vel, horings en pote word dan in die veld begrawe en as die vleis aan die haak hang, sal niemand kan sê dit is nie 'n vet Afrikaneros nie. Groter en vetter, ja, maar in die Kalahari het osse ook buitengewoon groot en vet geword. Vir gemsbokke kon 'n mens 'n permit in die jagseisoen kry. Maar niemand het dit gedoen nie. Daar was tog baie van hierdie diere in die Kalahari. Soms was daar egter wel 'n befoeterde polisieman. Dan het die manne maar net katvoet geloop. 'n Plaaseienaar kon deur die jaar springbokke op sy grond skiet. Ons het blouwildebeeste net geskiet wanneer jy die vel vir blouleer of rieme wou hê, en hartbeeste om die velle te brei en tuie of oorleer vir skoene te maak. Die vleis is gewoonlik vir die swart mense gegee. Daar was nie fout met die vleis nie. Maar springbokke en koedoes was veel gesogter.

Volstruise was ook volop. Maar dié is net af en toe geskiet om verestoffers vir die huis te maak. Die vere is sommer daar in die veld uit die voël gepluk en die vleis is feitlik nooit gebruik nie. Die rede was dat die wilde volstruise van die Kalahari onwelriekende vleis gehad het. Dié reuk het aan jou bly kleef. Dit het baie keer se was met boerseep gekos om die reuk af te kry, veral wanneer die voël vet was. Dit was asof die vet in jou vel ingetrek het. Die biltong kon 'n mens haas nie naby jou neus bring nie. Tog het my ma daarvan gehou om die vlerke van 'n vet volstruis te kook. Sy het die vlerke op-gekook en minstens drie keer afgewater om die reuk uit te kry voor sy dit met speserye voorberei het. Só was dit nogal 'n lekkerny. Maar dan het die volstruisreuk steeds in jou lig-gaamsreuk deurgeslaan.

In daardie dae is daar nie onoordeelkundig geskiet nie. Dit was oorlogstyd en generaal Jan Smuts, toe Eerste Minister van die Unie, het gelas dat alle gewere by die polisie inge-handig moes word. Seker omdat Suidwes voorheen 'n Duit-se kolonie was en daar nog baie Duitse simpatiseerders was. Hier en daar het iemand egter 'n geweer versteek en party boere het aan die Tuisfront behoort. Die Tuisfront was 'n pa-ramilitêre struktuur waaraan vrywilligers (boere van die om-gewing) behoort het om die gebied te beskerm en te verdedig as dit sou nodig word. Lede van die Tuisfront het nie uniforms gekry nie; offisiere wat 'n blitskursus iewers ondergaan het, wel. Oefeninge het bestaan uit dril en skiet. Stompneus-.303-gewere – leemetfords – is aan hulle voorsien. Patrone was skaars, haas onbekombaar, en is op alle maniere gesmokkel deur familie en vriende wat in die winter uit die Unie kom kuier het. Tydens die Tuisfront se skietoefeninge is tien patro-ne op 'n keer aan die lede verskaf vir skiet op die skyf. Die sersante wat die patrone uitdeel en die korporaals by die sky-we wat die skote moes tel, kon dit blykbaar nie goed doen nie want daar is maar voortdurend skote in die jagveld gehoor.

Oom Jerry, wat baie lief was vir jag, moes altyd 'n paar bokke "vir my ma" kom skiet. Hy was 'n knap skut met die oop visier en het selde mis geskiet, selfs wanneer die spring-bokke hardloop. My pa het die patrone gegee; hy was 'n korporaal van die Tuisfront en het nie saam veld toe gery wanneer daar gejag word nie. Met die donkiekar was dit uitputtend, veral wanneer die bokke wild was of wanneer jagtoestande ongunstig was. Die donkies moes deur die los sand gedryf word, en jy moes van duin tot duin agter die bokke aanry tot daar kans vir 'n skoot was. Dit het party keer 'n volle dag geduur om twee of drie bokke te skiet. My pa was te ongeduldig vir so 'n gesukkel.

Dit was avontuurlike dae vir almal wat die lewe met beide hande wou aangryp, of dit nou was om skaap in die warm Kalahari-son op te pas, beeste wat wild geword het te voet of op 'n vurige perd se rug bymekaar te maak sodat hulle gesny en gebrand kon word, of om met 'n donkiekar en twee patrone in die leemetford se slot die duine in te ry om 'n gemsbok te gaan soek. Daar was niks anders te doen nie maar dit het die dae tog kort gemaak.

Maar wat het ek en Boetie op daardie ouderdom van dié groot voorreg geweet? Ons was net kaalvoet kinders van die Kalahari wat swaarkry agter skape in die warm son aan self moes verwerk. Ons het egter nooit sielkundige hulp nodig gehad nie. Ons het net elke aand vroeg gaan slaap sodat ons die volgende oggend vroeg weer die skaapkraal se hek kon oopmaak.

WEGGOOIKINDERS

Ek en Boetie was van 1939 tot 1941 op Gobabis in die skool, 150 myl van die huis af. Ek was agt jaar oud toe ons daar gekom het. Die dorp het my bang gemaak. Daar was baie meer huise as op Pretorius en in almal het vreemde mense gebly. Die seunskoshuis het agt kamers gehad. Dit was ver van die meisies af. Op Pretorius was die twee kamers vir die seuns en twee vir die meisies sommer in een gebou. Ons het baie speletjies saam gespeel, en dit was lekker.

Die eerste nag in die koshuis was 'n angsvolle ervaring. Die koshuis se fondamente was hoog. Sommer die eerste dag vertel een van die groot seuns, Calvyn Nolte, vir my die plankvloer is so hoog dat 'n mens gebukkend onder die vloer kan loop en dit is stikdonker daar onder. Ek het bang gaan slaap want onder my is 'n stikdonker plek waarin 'n mens gebukkend kan loop. Toe die lig afgeskakel word, het my hart vinnig begin klop. Ek was baie benoud en dit het gevoel asof ek my asem gaan verloor. Dit was later so erg dat my hart doef-doef in my oor wat op die kussing lê, geklop het. En toe hoor ek dit: 'n Dowwe geklop reg onder my bed in die donkerte onder die plankvloer. Ek het die kombers oor my kop gepluk. Die geklop onder die vloer het opgehou maar my hart het wild in my borskas geslaan. Het die een onder die vloer gehoor ek beweeg in my bed? Ek het my asem probeer ophou sodat ek beter kan hoor maar het te benoud geraak om daarmee vol te hou.

Daar was ook baie honde wat snags in die dorp geblaf het. Hulle het anders geblaf as ons honde op die plaas. Dáár het hulle geblaf om die jakkalse en wolwe van die skaapwerf af weg te hou maar die honde in die dorp het geblaf asof hulle bang is. Dit het my ook met 'n kloppende hart laat wakker lê. Wat is hier in die dorp en in die donker onder my bed aan die gang dat die honde bang is? Ek het gesien die meisieskoshuis en meneer Broodryk die prinsipaal se huis het ook sulke hoë fondamente. Dit is onder hul vloere ook pikdonker!

Eers baie later het ek vir myself opgeklaar dat dit al die tyd my hart was wat so in my oor geklop het … Daar was nie iemand onder die plankvloer soos ek die eerste nag gedink het nie.

Ons is net Julie- en Desembervakansies huis toe. Ses maande van die huis af weg, het gevoel of dit vir altyd was. Dit het gevoel of my pa ons weggegooi het. Ons het sedert my ma se dood hier en daar by familie gebly. Party van hulle het gesê ons is weeskinders want ons ma is dood en ons het nie juis 'n pa nie. Wanneer hulle so praat, het ek lus gekry om te gaan wegkruip. Dan het ek my pa so gemis dat dit gevoel het my maag pyn. Maar ek kon dit vir niemand sê nie.

Die dae in die koshuis het my verskriklik laat verlang en by tye het ek vergeet hoe my pa se gesig lyk. Ons moes toe nog ons nuwe ma as stiefma leer ken. Ek het sommer geweet ek sal nie vir haar lief wees nie want hoekom moes ons so ver van die huis af weggaan toe my pa met haar getroud is? My maag het dikwels weer gepyn. Ek het nie vir die juffrou daarvan gesê nie.

As ons ná 'n vakansie teruggaan Gobabis toe, het ek gehuil wanneer ons van die huis af wegry.

Ons het met 'n 1939-Chev gery; splinternuut uit die boks. In daardie dae is 'n motor volledig in 'n groot krat ingevoer. Vandaar die uitdrukking "uit die boks". Die nuwe motor en die vreemde reuk van die vars leerbekleedsel het my nie opgewonde gemaak nie. Op die agterste sitplek het ek styf teen die rugleuning deur my trane na die kalkrante weerskante van die rivier gesit en kyk. Dit het vir my gevoel asof dit die laaste keer was. Ek sou die huis nooit weer sien nie want my pa-hulle het ons so ver weggevat omdat hulle nie vir ons lief is nie.

Party keer het my pa ons tot op Pretorius gevat waar ons oom Frans van Rensburg se smouslorrie gekry het. Ons moes agterop klim want daar was gewoonlik twee of drie groot-mense wat saamgery het. Dan het ek in die hoek van die bak teen die lorrie se kap gesit en weer gehuil as my pa daar wegry, terug huis toe. Ek het gehuil wanneer die lorrie 'n ruk-kie later Gobabis toe vertrek want ek het geweet dit is ver-skriklik lank voor ek my pa weer sien. Dit was dan net vir hom en Boetie wat ek gehad het. Maar Boetie het sy eie huil gehuil en hom nie aan my gesteur nie.

Oom Frans het by elke plaas langs die pad aangery en slagvelle gekoop. Partykeer, as die karakoelwol darem weer 'n paar pennies op die veiling in Port Elizabeth haal, het hy ook wol gekoop om weg te stuur. Alles is op die lorrie gelaai. Hy het begin deur die slagvelle onder op die punt van die bak te laai maar dit later opgestapel tot waar ons teen die kap van die lorrie sit. Die velle het gestink en die hare het in ons oë en monde gewaai. Wanneer hy 'n baal wol oplaai, het ons bo-op die baal gesit. Die warm wind het ons gesigte rooi gewaai maar dit was beter as die velle se stank.

Op 'n dag het ons by oom Heimi Liebenberg aangegaan en toe ons weer moes verder, hoor ek sy vrou op gedempte toon sê: "Hemel, Frans! Skaam jy jou nie om die kinders in so 'n verwaarlosing agterop te laat ry nie? Hulle is dan nog so klein en kyk hoe het die son hulle verbrand! Vir wat moet Willie hulle so ver van die huis af laat skoolgaan? Wat is fout met Pretorius?"

41

Oom Frans het net sy skouers opgetrek. Toe hy sê: "Ek weet nie. Hy het seker sy redes. Wat moet ék doen? Dis 'n transportlorrie dié, nie 'n passasiersbus nie. Hulle ry verniet!"

Toe huil ek éérs.

Ek dink ons nuwe ma het sommer van die begin af besluit: Ek sal vir julle baie lief wees. Wanneer ons vakansies by die huis kom, het sy vir ons koekies gebak, lekkers gemaak en baie lekkerder kos as Gobabis se koshuiskos gekook. Ons kon nie anders as sommer dadelik vir haar "mammie" te sê nie. Nou ja, miskien was ons harte teen daardie tyd al so leeg dat ons na liefde gesmag het want ons was soos 'n klomp los rafels. Voor my nuwe ma gekom het, was my pa alleen en hy het net na sy skape omgesien. Met my ma se dood in 1936 het my sussie Ivy by ant Nellie, my oorlede ma se suster, en haar man oom Albert Martins gaan bly. Sy was 13 maande oud toe hulle haar gevat het. Ek en Boetie het tussen die familie rondgeval.

Ons nuwe ma het die rafels opgetel en 'n nuwe kleed geweef. In 1940 het sy haar eie baba Agnes gekry. Ons was skielik 'n huis vol mense en dit was lekker om te weet ons hoort bymekaar. My ma het dit so laat voel.

Met die wintervakansie van 1941 is ons weer op oom Frans van Rensburg se smouslorrie van Gobabis af huis toe. Dit was 'n verskriklike reis want hy het op elke plaas aangegaan om te verkoop. Toe breek die lorrie nog langs die pad en die on-derdeel moet met 'n geleentheid uit Gobabis kom.

John van oom Koot van Zyl, John was toe al in die hoër-skool, was ook by ons op die lorrie. Oom Koot het ons met 'n kar en perde op Pretorius kom haal. Dit was 50 myl van sy huis af. Ons het eers drie dae ná ons uit Gobabis weg is op Pretorius aangekom en oom Koot het die hele tyd vir ons daar gewag. Hy het nie geweet wat aangaan nie want daar was nie telefone nie. Hy kon maar net sit en wag.

Ons is kort voor die middag met oom Koot se twee spoggerige geel perde daar weg. Ná ses maande in die koshuis is dit lekker om weer 'n bekende soos oom Koot te sien. Hy en John sit op die voorste bankie en ek en Boetie op die gereedskapkis se deksel, wat ook as sitplek dien. Die voorste sitplek kan vorentoe en agtertoe skuif maar die gereedskapkis se deksel lê waar dit lê. Binne-in is net 'n pomp, 'n paar moersleutels en 'n draadtang. Die ysters kletter teen mekaar elke keer wanneer ons deur 'n knik gaan.

"Is daar genoeg plek vir julle bene?" vra oom Koot toe ons al 'n entjie weg is. "Solank ons julle nie tussen die bankies vasknyp nie. Ek en John wil nie te voor sit nie want dan dra die perde te swaar op hulle nekke."

"Ek kan my bene roer," sê Boetie.

"Ek ook, oom," bevestig ek.

"Dan is dit reg, kêrels," antwoord oom Koot goedig asof ons al groot seuns is.

Ek verlustig my in alles want die Nossob daar van Pretorius af is aan my goed bekend. Ná my ma se dood in die Swartrante langs die Visrivier het ek en Boetie by baie mense hierlangs gebly of vir kort rukkies gekuier. Die eerste plaas, aan die oorkant van die rivier, is Biscus van oom Gieljam van Schalkwyk waar my pa altyd sy skaap water gegee het. Kola was oom Gieljam-hulle se enigste seun. Dit was my pa se eerste staning nadat hy uit die Swartrante kom terugtrek het en ons het saam met hom aan die duskant van die rivier in 'n sinkhuis gebly.

Dan kom die Louws se plaas. Die kinders het met 'n ysterwielkar en vier donkies skool toe gery maar ons nooit opgelaai toe ek en Boetie in sub A was en 'n myl te voet van die sinkhuis af skool toe geloop het nie. Hans, die oudste seun, het die sweep geswaai om ons te verjaag wanneer ons te naby aan die kar kom. Dan het ons geskree: "Hans, Hans Terblaans, hy skree soos 'n mannetjiesgans!" Waar ons daaraan gekom het, weet ek tot vandag toe nie want ons het nie 'n enkele Terblanche geken nie.

Partykeer het Hans van die kar afgespring en ons met die lang sweep gejaag maar dan het ons sommer die veld ingenael. Die volgende dag by die skool trek hy ons ore dat ons gesigte skeef staan van seerkry omdat ons hom gekoggel het. Ons het nie vir Meneer gesê nie. Dalk sou hy ons slaan omdat ons vir Hans gekoggel het.

Die derde plaas is Schneider waar ons by oom Albert en ant Nellie Martins gebly het. En so lê die plase daar langs die rivier af. Ons ry by almal verby en ek weet die twee kwartale wat so lank was daar in Gobabis is verby. Dit is vakansie, vakansie!

Ek luister na die draaghout se reëlmatige geklop op die disselboom en hoe die perde van tyd tot tyd koker speel. Dan hou oom Koot op 'n hoogtetjie stil om hulle 'n blaaskans te gee. Wanneer ons weer verder ry, maak elke hoefslag my opgewonde want ons is op pad huis toe.

Ons moet elkeen vir oom Koot vertel wat ons gedoen het in die tyd wat ons van die huis af weg was. Seker maar sy manier om die pad korter te maak.

Toe dit my beurt word, sê ek: "Ek het die hele tyd net verlang, oom."

Oom Koot leun agtertoe en 'n paar oomblikke lank sit hy sy arm om my. Ek voel sommer lus om te huil. Niemand was nog ooit so lief vir my nie.

Teen sononder kom ons op Nabagais van oom Schalk de Klerk aan.

Daar was nie 'n ding soos nooi daardie dae nie en jy kon ook nie vooruit laat weet nie. Jy eet waar jy met etenstyd is en slaap by die mense waar jy teen sononder aankom.

Oom Schalk en die tannie ontvang ons baie gasvry. Ek en

Boetie is reguit na die warm stoof in die kombuis toe want met kortbroeke aan vat die koue ons van ons voete af boon-toe. Die perde kry water, word vir die nag in 'n klipkraal gesit en kry elkeen 'n groot gerf droë hawer.

Baie jare later sou oom Schalk my sterk herinner aan sena-tor Jan de Klerk, eertydse Minister van Onderwys. Hulle het dieselfde postuur gehad en albei se koppe was op dieselfde ma-nier kaal. Senator Jan de Klerk was oud-Staatspresident F.W. de Klerk se vader.

Ek staan by oom Schalk de Klerk-hulle tussen oom Koot se bene voor die koolstoof in die kombuis want dit is bitter koud. Hy het 'n dik jas aan en hy hou sy arms om my lyf. Dit is lekker om te voel iemand is jammer vir my.

En ek ruik die vet skaapribbetjie wat sommer hier onder my neus in die oond bak.

Op die kombuistafel staan 'n lantern wat die vertrek dof verlig. Ons kyk in die halfskemer na mekaar en sien die gloed van kameelboomkole by die stoof se bek uitslaan want die deksel is oop sodat die kombuis kan warm word. Die groot-mense kuier gesellig en lag oor die stories wat hulle vertel. Die geur van vleis vul die hele kombuis en maak my rasend honger. Ek hou my oë op die stoof en kyk af en toe in die tan-nie se rigting of dit dan nog nie tyd is om die ribbetjie uit te haal nie. Dit voel dan of ons so lank al hier sit en wag om te kan eet.

Ek weet nie of 'n skaaprib wat in 'n oond bak ooit weer vir my so lekker geruik het soos daardie aand by oom Schalk in die kombuis nie.

Oom Schalk-hulle het ses kinders gehad, drie seuns en drie dogters. Die middelste seun het omstreeks daardie tyd stan-derd ses op Pretorius geslaag en is uit die skool. Ons kinders het hom Kalla genoem.

Kalla het 'n hele aantal jare by sy pa op die plaas skaap

opgepas en vir hom 'n klompie bokke en skape bymekaarge-maak. Maar toe voel hy hom geroepe om die evangelie te gaan verkondig en hy verkoop sy diere om weer te gaan leer. Ek dink hy was omtrent 20 jaar oud toe hy terug skool toe is om standerd sewe te begin. Ons het gehoor dit was nie vir hom maklik nie want die kinders wat saam met hom op die skoolbanke gesit het, het vir hom "oom" gesê en half die spot met hom gedryf omdat sy baard al hard was.

Maar Kalla het deurgedruk en op die ou end het hy 'n sen-deling vir die NG Kerk in die Transkei geword waar hy die evangelie 'n leeftyd lank verkondig het. Dominee Schalk de Klerk het daar in die Transkei afgetree en hom in die vroeë negentigerjare op Riversdal gaan vestig.

Ek glo hierdie beskeie en ingetoë jong man het sy roeping agter die skape ontvang. En dat die Kalahari wat jou aangryp en die stilte van die groot veld baie daarmee te doen gehad het. Dit maak 'n veelheid van stemme in jou los. Dít is wat die Kalahari vir jou doen. Hy gee jou stemme wat met jou praat. Goddelike stemme. Hy het dit ook vir Kalla gedoen.

Desember daardie jaar, ná die koue wintersaand op Naba-gais, kom hoor ons by die huis ons gaan nie terug Gobabis toe nie, ons gaan elke dag op rydonkies Arahoab toe en terugry. Ons was verheug en het geweet ons is nie weggooikinders nie. Ons is my pa se kinders. Ons het weer 'n ma. Ons sal nie weer van die huis af weggaan na 'n koshuis toe nie. Ek het 'n ongekende lekkerte in my gehad en ek is seker 'n mens kon dit aan my stappie sien.

My pa was toe al 'n gesiene karakoelboer daar langs die Nossob.

Jol en Sarel van die buurplaas moes ons in die vakansie leer om donkie te ry. My pa het dit toe al reeds met oom Koot gereël.

Oom Koot het *Die Volksblad* deur die pos gekry want hy

was 'n Nasionalis. My pa was 'n Smuts-man, hy het *Die Volkstem* gekry. Hierdie verskil in politieke siening het tot gevolg gehad dat die twee buurmanne nie altyd om een vuur gesit het nie. Daarbenewens het oom Koot 'n trop bokke gehad wat van tyd tot tyd in my pa se veld gekom het.

Hoe dit ook al sy, my pa het ons op 'n dag met die motor weggevat Cambridge toe. 'n Motor was toe nog 'n rare ding en ek onthou hoe die honde geblaf het nadat ons op die werf stilgehou het. Toe ons uitklim, rys hul nekhare en hulle loop met sulke stywe bene rondom die motor asof hulle 'n leeu se ruik in 'n trassiebos opgetel het. Een het sku nader gekom en aan die agterwiel geruik maar toe hy sy been wou lig, skree my pa: "Siejy, jou vuilis! Gaan pis op 'n ander plek!" Toe oom Koot haastig by die agterdeur uitkom, sê my pa ewe verskonend: "Honderd myl van die loopvlak is af as 'n hond teen 'n 'tyre' pis."

"Honne-essiks," lag oom Koot net. Waarskynlik was "essiks" 'n vermenging van "essence" en "acid" maar op daardie oomblik het dit baie snaaks geklink.

Ná ons koffie gedrink het, is 'n mak rydonkie, ou Gemsbok, nader getrek. 'n Donkie loop mos nie agter jou aan soos 'n perd nie. Jy moet hom aan die toom sleep en iemand anders moet hom aanjaag.

Ou Gemsbok was vaalgrys en het 'n breë rug gehad want hy was vet daardie jaar. Hy het 'n goeie geaardheid gehad en sy manier van galop het my laat dink aan 'n ou man wat al stywerig in die bene is en nie meer gebodder wil wees nie.

Ná hierdie eerste dag se ry op die donkie het ek en Boetie nog 'n hele paar keer in die vakansie die drie myl te voet terug Cambridge toe geloop om te gaan ry. Ons het gedink dit is groot pret. Dit was nie elke keer ou Gemsbok nie. Dit het afgehang watter donkies die dag by die water was. Daar is 'n riem om die donkie se lyf vasgemaak waaraan ons moes

vashou tot ons aan die geskommel van 'n donkie se lyf ge-
woond was. Party is ook maar skelm. Loop en skrik vir niks
wanneer jy op sy rug is en vlieg met 'n vaart uit die pad. As
jy nie 'n goeie ruiter is nie, val jy dat jy bars. Snaaks, 'n mens
kry nie dieselfde vaart uit hom as jy haastig is en hom op 'n
galop wil trek nie. Ons het gou geleer 'n donkie wat draf, skud
jou binnegoed uitmekaar en stamp jou sitvlak blikners. Jy ry
hom op 'n stap of galop maar nie op 'n draf nie.

Oom Koot en die tannie was baie vriendelik wanneer ons
so ver geloop het om te kom donkiery. Dan moes ons eers 'n
bietjie rus en dikmelk drink terwyl Jol en Sarel die donkies
vang en tooms aansit. Ons het bloots gery. Maar ons het die
dikmelk gewoonlik met 'n paar slukke weggeslaan, so haastig
was ons om by die donkies te kom.

Boetie en ek kon nie wag dat die skool daardie Januarie
moes begin nie sodat ons ewe kordaat saam met Jol en Sarel
op ons donkies daar aangery kan kom.

Ons vier het baie goeie maats geword en het nie een keer
baklei in die drie jaar wat ons saam skooldonkies gery het nie.
Ek en Boetie kan egter nie dieselfde van mekaar sê nie ...

My pa wou nie by oom Koot vir ons twee rydonkies koop
nie want hy het gesê hulle sal elke dag wegloop Cambridge
toe. Toe koop hy een by 'n Labuschagne en een by oom Jan
Viljoen wat omtrent 30 myl rivieraf gewoon het. Hulle moes
reël dat as daar 'n donkiewa op pad Stamprietfontein toe by
hulle verbykom, die twee donkies langsaan vasgemaak word
tot by ons. Só het die twee skooldonkies daar by ons op Wil-
heben aangekom. Boetie s'n, so 'n groot, bonkige blougryse,
se naam was Brander. Hy was sy naam waardig want hy was
'n breker. Myne het 'n regte oorlogsnaam gehad: Rommel.
Dit was so 'n rankerige bruin donkie en hy kon lekker hard-
loop wanneer ons resies jaag. Tot vandag toe weet ek nie of
oom Jan Viljoen die naam Rommel gekies het om uitdrukking

te gee aan hierdie besondere donkie se uithouvermoë in die Kalahari se warm sandduine en of hy die Duitse generaal van Sahara-faam met 'n donkie wou vergelyk nie. Ek weet nie wat oom Jan se politiek was nie.

Om ons broeke teen die donkiesweet te beskerm, het ek en Boetie die eerste paar dae skool toe gery op 'n goiingsak wat met 'n riem op die donkie se rug vasgemaak is. Ons het ook aan die riem vasgehou vir so lank ons nog nie goed kon ry nie. Met die donkies se bewegende lywe onder ons het die ruwe goiingsakke die waai van ons bene so geskaaf dat die bloed loop.

Ná die eerste week was daar dik, bruin rowe aan die binnekant van ons bene en die donkieryery was skielik nie meer so prettig nie. Dit was séér. Ons boude ook, en ons het snaaks geloop.

My ma het toe vir ons elkeen 'n kleedjie van 'n dikkerige blou materiaal gemaak en dit liggies met karakoelwol gestop. Ons het gesien dít is waarmee Jol en Sarel ry. Hulle het gesê dit is pakkies. Toe noem ons dit ook so.

Die pakkie was net groot genoeg om op te sit en darem tot by die waai van jou bene by te kom. In die oorlogstyd was materiaal skaars en duur, as jy dit wel kon kry. Met ons nuwe kleedjies op die donkies se rûe het dit toe sommer klopdisselboom gegaan. Of moet ek sê skommelboom?

O, DIE DONKIE IS 'N WONDERLIKE DING!

In ons dae van donkiery skool toe het ek en Boetie baie moeite met ons donkies gehad. Ek was pas elf en Boetie twaalf toe ons van Gobabis af gekom het om in 1942 op Arahoab skool te gaan.

Elke oggend om halfvyf het ons wekker gelui en omtrent vyfuur het ons vertrek om betyds by die skool te wees. Party keer het ons nie die wekker gehoor nie. Dan het my ma ons kom wakker maak. Die wekker het juis in die eetkamer gestaan sodat sy dit ook kon hoor lui.

Soggens wanneer ons in die donker van die huis af wegry, het ons tussen die donkies se ore deur gekyk of ons nie spoke op die werf sien nie. Ons het niks gesien nie. Ons werf was skoon van spoke. Maar Boetie het gesê 'n mens kan 'n spook net tussen 'n perd se ore deur sien. Hy het gesê die Boere het dit in die Anglo-Boereoorlog uitgevind toe hulle so baie Kakies doodgeskiet het. Die Boere se spioene, rapportryers en brandwagte wat op perde was, het snags tussen hulle ore deur gesien hoe spook die dooie Kakies.

Ons het vir drie myl al met die rivier langs tot op Cambridge gery. Daarvandaan het ons 'n kortpad van vyf myl deur die veld tot by die skool gevat. Toe ons saam met die Van Zyl-kinders begin ry het, het hulle skooldonkies reeds twee duidelike voetpaaie Arahoab toe oopgetrap want voor Jol en Sarel het hulle ouer broers John en Frederik ook met donkies skool toe gery.

Ek en Boetie moes ons eie paaie ooptrap. Dit het lank geduur want van Cambridge af het ons grootliks deur die harde, klipperige kalke gery. Die terrein was vreemd vir ons donkies en waar hulle langs die ander twee moes loop, was bosse en klippe in die pad. As ons hulle op 'n galop trek, wou hulle opsluit agter die ander donkies in die bestaande paaie aanhardloop. Ons het met die stange in hul bekke baie geweld gebruik en baie rosyntjielatte op hulle flenters geslaan om hulle daar uit te dwing sodat hulle hul eie paaie ooptrap. Ons was mos nie Jol en Sarel se agterryers nie! Vandag is dit aan dié kant van die bos verby en môre is dit ander kant verby. Of bo-oor die klip en môre langsaan verby. Baie keer as ons op 'n stywe galop was, moes ons vir 'n vale klou om bo te bly. Op die ou end het daar darem vier voetpaaie langs mekaar gelê.

In die winter het dit gevoel of ons op die donkies se rug verys want die tyd van die môre wanneer ons van die huis af ry, het die ryp by die hande vol uit die lug geval tot dit wit op die grond rondom jou lê. In die somer het dit weer elke dag gevoel asof die son jou op die donkie se rug wil verskroei en die dors het die hele tyd dik in jou mond gelê. Winter of somer, die agt myl skool toe op 'n donkie se rug en die agt myl terug huis toe was net te ver vir 'n mannetjie van elf jaar.

By die skool moes ons die donkies span sodat hulle kon gaan wei. En wanneer die skool uitkom, moes ons hul spore op die harde kalkrante soek.

Die Brand-kinders onder uit die Nossob, en Jurie van der Berg wat saam met hulle gery het, het in 'n ander kalksloot as ons afgesaal. Hulle het nie hul donkies gespan om te gaan wei nie maar hulle aan 'n araboom vasgemaak. Wanneer die skoolklok in die middag lui, het hulle op hul donkies geklim en huis toe gery. Maar hulle het winter en somer sekerlik dieselfde ontberinge as ons op die donkies se rûe gehad.

Baie dae ná skool kon ons glad nie ons donkies se spore

kry nie want ná elke skooldag lei al die spore van die boom af waar ons afgesaal het. Dit was later nie meer moontlik om tussen vars en ou spore te onderskei nie, veral wanneer die wind dae lank nie gewaai het om ou spore dood te maak nie en al die spore dieselfde lyk. Dan slaan ons maar 'n koers in, in die hoop dat ons hulle in een van die baie kalkslote sal raakloop.

Dikwels kon ons hulle nie opspoor nie. Dan het ons moed opgegee en koers gekies huis toe waar ons sononder, vergaan van dors en droog gesweet, aangekom het. Ons het halftwee uit die skool gekom en dadelik op die donkiespore begin loop. Die boeksak op jou rug, die toom oor jou skouer en die los kleedjie waarop jy ry, het later net te swaar geword vir 'n lyf wat nog nie sterk genoeg is vir die hitte, dors en aanhou loop nie. Ons het nie gaan sit om te rus nie.

Eers drie dae later het die donkies dan by die huis aangekom. Intussen moes ek en Boetie te voet skool toe en terug loop. My pa het hom nie moeg gemaak om skooldonkies te gaan soek nie. Ons het elkeen ook net een skooldonkie gehad en ek het geweet die einde van elke kwartaal was vir die donkies net so ver as vir ons. Om dag na dag, kwartaal na kwartaal, jaar na jaar, 16 myl heen en weer 'n knaap op jou rug te dra wat 'n rosyntjielat in sy hand swaai en slaan waar hy wil, is seker vir 'n donkiehart ook te erg. Hulle kon dit net nie vir ons sê nie.

Ek is nie so seker ons donkies was te dom om met opset al op die harde kalke te loop sodat ons hulle nie kon kry nie. Party keer as ons moeg gesoek teen sononder by die huis aangekom het, het hulle in die kraal vir ons staan en wag. As al die dinge wat ons hulle toegewens het waar moes word, sou ons voortdurend geloop het want ons sou nie donkies gehad het om mee te ry nie.

Die kere dat ons gelukkig was om so teen vyfuur die middag op die rug van donkie se kind by die huis aan te kom, het ons hulle gespan om daar op die werf rond te vreet. Maar gewoonlik is 'n werf mos kaal en is daar nie juis iets vir 'n dier om te vreet nie. Hulle kon nie eens ashoop toe loop om 'n ou koerant – soos in Chris Blignaut se liedjie – daar te gaan vreet nie want papiere en bene is verbrand. Ons het 'n skoon werf gehad. Dan het hulle staan en wag dat dit aand moet word want daar sou lusern in die kraal wees. O, die donkie is 'n wonderlike ding!

Wanneer ek en Boetie klaar koffie gedrink en 'n sny brood met sagte skaapvet daarop geëet het, het ons elkeen 'n groot drag lusern gaan sny. Teen die tyd dat ons klaar was en die donkies vir die nag in die kraal toegemaak was, was dit feitlik skemeraand. Dan het ons nog nie 'n steek huiswerk gedoen nie.

Kort daarna het my ma ons vir aandete geroep want ons moes vroeg gaan slaap omdat ons lank voor dagbreek moes opstaan. Buitendien het ons nie 'n radio gehad om ons saans besig te hou en ook nie elektriese ligte om by te lees nie. Ons was bly om ná 'n uitputtende dag vroeg in die bed te kom maar die skoolwerk het daaronder gely. My pa het hom weinig daaraan gesteur. Dit was die onderwysers se probleem. Hy was egter baie streng oor uit die skool bly vir elke bagatel.

Van al die mense wat ek daar langs die Nossob geken het, het net drie radio's gehad. Dit was my pa se broer oom Kolie op VanDeVenter, sy buurman oom Joggem Brand en ou meneer Vogelbruck – wat sy radio in die oorlogstyd weggesteek en na Hitler se uitsendings geluister het tot hy geïnterneer is. Hulle het windlaaiers gehad om die batterye mee te laai. Die paar Duitsers op pad Stamprietfontein toe, het glo almal radio's gehad maar ek het hulle nie geken nie. Hulle is later ook almal geïnterneer.

Oom Kolie was op 16 jaar 'n Kaapse rebel in die Anglo-Boereoorlog. Die Engelse het hom sommer vroeg gevang en na St. Helena verban waar hy tot aan die einde van die oorlog gebly het. In die vroeë twintigerjare het hy Suidwes toe getrek. Hy het 'n stuk yster aan 'n paal gehang waarop hy soggens in die skemerdonker met 'n staaf geslaan het, soos 'n mens met 'n slaweklok maak, om die kombuishulp Antjie en ander plaaswerkers tot diens op te roep. Antjie moes in die koolstoof vuurmaak en die koffiewater kook. Die klok het oor die werf weergalm. Kuiermense het gewoonlik verward wakker geskrik en gewonder wat aan die gang is.

Wanneer ons soggens so tussen die donkies se ore deur kyk vir die spoke, het ek gedink aan oom Kolie wat Kakies dood-geskiet het toe hy 16 jaar oud was. Dan wonder ek of die Ka-kie-spoke hom tot daar op die plaas agtervolg het. Hy het nie die klok gelui om Antjie wakker te maak nie maar om die spoke van sy werf af te jaag, het ek besluit. Partykeer was dit nog donker wanneer hy sy perd opsaal om veld toe te ry. Hy wou nie die spoke van die Kakies wat hy doodgeskiet het tussen die ore van sy groot bruin perd deur sien nie.

Op Wilheben moes ek en Boetie naweke en tydens vakan-sies die beddings vol lusern afsny om dit droog te maak vir wintertyd en onafwendbare droogtes. My pa het nie gebuk om 'n enkele gerf te sny nie maar hy het self elke bedding gesaai en baie sukses daarmee gehad want dit het elke keer soos hare op 'n hond opgeslaan. Die beddings vol lusern was sy trots.

Somerdae moes ons sny en droogmaak dat dit kraak om voor te bly want in die winter groei die lusern nie. Ons het 'n groot mied gehad. Siek diere, drie of vier melkkoeie en sowat 25 karakoelramme is in droogtetye uit die mied gevoer. Die rantsoen droë lusern wat ons saans vir die donkies in die kraal gegee het, was nie genoeg nie. Sulke tye het hulle bedags ver van die skool af geloop agter 'n paar droë grasstingels aan en min gekry want 'n donkie is soos 'n ruspe. Hy wil heeldag vreet. Hulle het week na week maerder geword en hul rûe so skerp dat hulle ons gekasty het.

Dit het af en toe gebeur dat die donkies in die nag op die een of ander manier die kraalhek oopkry en voet in die wind slaan. Dit is 'n verskriklike gevoel as jy vyfuur in die môre met jou boeksak op die rug en toom in die hand by die kraal kom en dit is leeg. Al wat ons kon doen, was om die tooms by die kraal op te hang en die lang pad skool toe te voet aan te pak. Die ergste was altyd om te weet dat jy vanmiddag weer terug moet loop en dat jou pa hom nie moeg maak agter skooldonkies aan nie. Dus was dit voetslaan, môre en miskien die dag daarna ook. Hulle is so skelm dat hulle snags kom suip. Dan kon ons eers die naweek veld toe gaan om hulle te soek en kraal toe bring.

Op ons pad skool toe was daar vaste plekke waar ons die donkies op 'n galop getrek het. Dit was byvoorbeeld van 'n kalkkoppie af tot by 'n groot kameelboom. Dan weer van 'n groot miershoop af tot by 'n sandsloot wat dwars oor die pad loop. Só het ons bakens op die hele pad gelê: halfmyl galop en halfmyl stap. Die donkies het die bakens goed geken en het sonder veel aanmoediging, veral soggens wanneer dit koel is, op die bestemde plekke begin galoppeer. Maar moenie hulle op 'n galop probeer trek waar gestap moes word nie. Dit was haas 'n onbegonne taak. Hulle het allerhande nukke gehad: uit die pad spring, met gespitste ore loop asof daar 'n tier in elke bos is en vir elke skaduwee skrik. En agterop skop om jou af te smyt as jy hulle slaan.

Die terugreis ná skool was anders. Op die hitte van die dag is die donkies bra onwillig om te galop. Dan lê jy lat in, kap met jou hakke in jou donkie se sye en ruk hom met die stang in die bek sodat hy sy kop kan optel.

Boetie het partykeer afgeklim as ons so sukkel om hulle aan 't galop te kry, sy donkie se agterent goed warm geslaan en hom met sy kaal voet 'n paar skoppe in die pens gegee. Gewoonlik kry jou voet dan seerder as die donkie. Uiteindelik knoop die satanskind dan die stryd teen die lang pad met 'n galop aan tot by die volgende baken. En jy moet hom in die ry maar aanhou met die hakke in die sye pomp en met 'n geswaai van arms aanmoedig dat hy nie sommer afbreek en begin stap nie.

Ná drie jaar het ons die donkies se tooms afgetrek. Boetie is aan die einde van 1944 uit die skool en die volgende jaar is ek koshuis toe vir standerd ses. Daardie dae was dit gebruik om aan die einde van standerd ses of wanneer jy 16 jaar oud is, uit die skool te gaan. Daar was nie geld om kinders na hoërskole weg te stuur nie. Buitendien was dit 'n ewige stryd om 'n kind op Mariental by die stasie te kry. Dit was 120 myl van Arahoab af en die goeie Vader alleen weet hoe ver van die plase wat onder langs die rivier gelê het.

Van die sewe van ons wat met donkies skool toe gery het, het Coen Brand later 'n bekende in prokureurs- en ander sakekringe in Windhoek geword en groot grond- en boerderybelange langs die Nossob gehad. Sy broer Willie het 'n gesiene en vooruitstrewende boer naby Aranos geword. Paultjie, wat later met oom Steppie en ant Fransina se dogter Marie getroud is, is egter vroeg oorlede. Jol van Zyl het sy klompie skape by sy pa op Cambridge uitgevang – daar was nie genoeg plek vir almal op die plaas nie – en weggetrek tot "agter die Karasberge" in die suide waar hy 'n skatryk boer geword het. Sy broer Sarel wou graag die groot spoorwegbus bestuur wat van Mariental af tot op Stamprietfontein geloop het en het as leerlingbusbestuurder by die Spoorweë aangesluit. Hy is egter ook vroeg oorlede.

Nadat Boetie uit die skool is, het hy vyf jaar lank my pa se karakoeltrop opgepas voor hy sy skape uitgevang en op sy eie begin boer het. Dit het gelyk asof my pa hom so lank as moontlik agter die skaap wou hou want hy was al 21 toe hy sy goed uitgevang het.

Boetie is in 1957 met Louisa getroud, dogter van oom Joggem Brand van die plaas Esselin langs die Bo-Nossob. Sy het 'n B.Sc.-graad in Huishoudkunde behaal, 'n aansienlike prestasie in daardie tyd vir 'n jong meisie wat drie dae en twee nagte met die trein die onbekende alleen moes inry om op Stellenbosch te kom.

As 'n meisie van die Nossob het haar twee hande vir niks verkeerd gestaan nie en kon sy maklik uit haar klaskamer op Keetmanshoop stap, skouer aan skouer by Boetie inval en van die harde lewe in die Kalahari 'n sukses maak. Sy het ook sommer gou leiding geneem by vroue-organisasies en gebak, konfyte en naaldwerk vir verskeie uitstallings en kompetisies beoordeel.

Later het Boetie Wilheben en Mullershoop asook my pa se hele boerdery by hom gekoop.

Die seun op 'n skooldonkie se rug en skaapwagter van weleer het 'n gesiene en welvarende boer geword. Hy het die twee plase, byna 9000 hektaar in totaal, sonder die hulp van 'n voorligtingsbeampte, as 'n boerdery-eenheid met 32 kampe ontwikkel. Hy het water vanaf boorgate op strategiese plekke na elke kamp toe aangelê. Dit het 'n enorme bedrag geld gekos en wou in daardie dae gedoen wees. Nóg later het hy die hele plaas met jakkalsdraad omhein.

Dit sal reg wees om te sê dat ons skooldonkies, op wie se spore ons so wyd en ver moes loop en saam met wie ons elke dag in die natuur deurgebring het, 'n reusebydrae gelewer het tot ons opvoeding, ervaring en deursettingsvermoë. Dit het ons geskool vir die hoë eise wat die Kalahari aan jou stel as jy 'n sukses van jou lewe wou maak. Dit kon jy nie in die skool of uit boeke leer nie. Vir die rykdom aan kennis wat jy op hierdie manier opgedoen het, sou jy ook nie 'n sertifikaat ontvang nie.

Hannes Kotzé was nie net 'n welvarende boer nie, hy het aansien en agting in sy gemeenskap geniet, al het hy nie 'n wafferse skoolopleiding gehad nie. Ek glo sy skooldonkie, wat hy eiehandig moes hanteer en versorg en leer ken, het 'n groot bydrae gelewer om van hom 'n man uit een stuk en 'n persoonlikheid in eie reg te maak.

As pa het Boetie, die seun wat nege jaar oud was toe hy skool toe is en die skool op 16-jarige leeftyd op 'n donkie se rug verlaat het, gelukkig 'n ander benadering gehad as óns pa wat hom uit die skool gehaal het om skaap op te pas. Die voorreg om te leer wat hyself nie gehad het nie, het Boetie sy kinders nie ontsê nie. Benewens Danie, wat 'n B.Sc.Agric.Hons. en 'n M.B.A. het en vandag die eienaar van Wilheben is, het Boetie en Louisa nog drie kinders: Susan met 'n M.A.-graad in maatskaplike werk, Paul 'n metallurgiese ingenieur, en Johan wat 'n landboudiploma behaal het.

My broer en Louisa het op voortreflike wyse van hulself rekenskap in die Kalahari gegee.

BRUILOF VIR OOM WESSEL

Oom Wessel is in 1943 met ant Johanna getroud. Sy was 'n nooi Theron van die plaas Hartbeesfontein naby Brandvlei in die Karoo.

My pa en ma het besluit om darem vir die bruidspaar 'n ontvangs te gee want waar hulle getroud is, het hulle nie 'n bruilofsfees gehad nie. Dit sou vir hulle 'n verrassing wees maar daar was nie veel mense om te nooi nie want die mense het te ver uitmekaar gewoon. Ag nou ja, nie so ver nie, maar almal het nog met donkiekarre gery.

Ek was toe twaalf en dit sou my heel eerste bruilof wees wanneer hulle by ons op Wilheben aankom. Dit sou ook die eerste keer wees dat ek sien hoe mense dans. Ek was opgewonde.

Ná hul troue het oom Wessel en ant Johanna met die trein tot op Mariental gekom waar my pa hulle met die motor gaan haal het. Dit was ant Johanna se eerste ervaring met 'n motor oor die duine wat net aangehou en aangehou het. Dit was 50 myl van Stamprietfontein af plaas toe. Die bruid het hewig karsiek geword, het my pa later vertel, veral wanneer hy met spoed, en al slingerend in die twee spore langs, die hoë duine bestorm en vinnig oor die kruin sak. Die kere dat sy nie siek geword het nie, was wanneer hulle teen die hoogste duine bly staan het en sy moes uitklim om te help stoot.

Dit was 'n pynlike vuurdoop van sand en sweet. My pa het daarna gesê sy het kans gesien om te voet terug te stap Unie

toe eerder as om oor nog één duin te ry. "Dan staan ou Wes-
seltjie op sy knieë voor haar in die warm sand, hou haar hand
vas en soebat sy moenie omdraai nie," het my pa geterg.

Ant Johanna het maar net haar kop geskud, minsaam ge-
glimlag en saamgespot.

My pa sou 'n paar bottels Windhoek-bier van Mariental af
saambring. Daar was nog nie yskaste nie en ons het ook nie 'n
koeler gehad nie. Ná 'n hete dag op die lang pad sou die bier
warm wees, daarom het my pa vooraf opdrag gegee dat ek en
Boetie die sinkbad vol water moes maak en dit in die huis se
skaduwee hou. Maar ons moes seker maak die wind waai die
hele tyd daaroor dat dit koud kon word.

Van die namiddag af hou ons dan ook die skadu aan die
oostekant van die huis fyn dop en versit die bad kort-kort om
dit in die koelte te hou. Ons voel of die water koud word sodat
my pa tog net nie moet kom raas nie. 'n Nat hand word met
tussenposes in die lug gehou om te voel van watter kant die
wind kom sodat ons die bad onder die wind kan skuif as dit
nodig is maar daar roer nie 'n luggie nie en die water bly lou.

Toe kry Boetie 'n slim plan. Hy gaan haal 'n stuk sinkplaat
waarmee ons om die beurt oor die water waai. Toe word dit
sommer lekker koud.

My ma het koue skaap- en hoendervleis, tamatie-, beet- en
blaarslaai uit die tuin, asook gekookte uie met 'n mosterdsous
voorberei en twee of drie soorte koue poedings gemaak wat in
skottels onder nat sakke koud gehou is. 'n Paar bottels gem-
merbier staan ook op 'n koel plek in die huis. Dit het vir my
na 'n Kersdagete gelyk en opwinding het in my posgevat oor
die tannie wat ons in die familie bykry. Miskien het die disse
in die skottels, eerder as die nuwe tannie, iets met my opwin-
ding te doen gehad. Eintlik het ek seker maar gewens my pa-
hulle moet kom en dat dit al sononder is sodat die etery kan
begin want sommer vroegnamiddag loer ek om die huis se

hoek om te sien of daar dan nie 'n motor se stof op die grond-
pad uitslaan nie.

"Niks!" sê ek vir Boetie. "En ek kan nie meer my lus vir
die koue poeding daar onder die nat sakke uithou nie." Ek bly
by die hoek staan en hou my oë op die pad.

"Hou op met jou gekykery," antwoord hy. "Jy is net te lui
om te waai. Jy weet mos hulle kan nie nou al kom nie. Vat!
Dit is jou beurt," en hy druk ook sommer die sinkplaat in my
hande.

My hande en arms word gou moeg. Elke keer wanneer dit
my beurt is, gooi ek die plaat ná 'n rukkie neer sonder om te
praat en gaan loer dan weer om die hoek.

Boetie is bang ons kry raas as die water nie koud is nie
want as die oudste, kom hy eerste verby. Hy tel op en waai.
Hy was 'n fris knaap met dik arms.

Toe dit weer 'n keer my beurt is om te waai, vra ek: "Wat
maak hulle alles op 'n bruilof?"

"Dit is vir grootmense. Hulle sal ons nie laat kyk nie," ant-
woord hy beterweterig.

"Hoekom nie?" vra ek afgehaal. "Wat doen hulle wat ons
nie mag sien nie?"

"Vir my om te weet en vir jou om uit te vind."

"Issie! Jy weet ook maar nie," antwoord ek op my perdjie.

"Wag en jy sal sien."

Ek dink aan die drie groot Van Zyl-kinders van Cambrid-
ge. "Vir wat kom Frederik en John en Baba dan? Hulle is mos
nog nie grootmense nie!"

"Hulle is mos al lank uit die skool."

"Sal hulle ons eers laat eet voor hulle met hulle grootmens-
goed begin?" vra ek soos een wat oorgegee het.

"Miskien, miskien nie. Waai! Jy staan en speel!"

Toe begin die donkiekarre aankom. Oom Jim en Ou Mies
van Mersa is eerste daar. Hy laat self die draaghout sak want

ons is besig. Ons waai die water koud. Oom Steppie en ant Fransiena van Matru het saam met oom Jim laat weet hulle kom nie. Hulle het gehoor daar sou 'n bietjie gedans word en dans is 'n gruwelike sonde. Oom Jerry en ant Bettie wat saam met oom Wessel op Cleopatra woon, kom met 'n kar en twee wit donkies daar aan. Ons gaan ook nie kar toe om te help om die draaghout te laat sak nie. Dit is bloot goeie maniere om hulp aan te bied, al kan oom Jerry dit maklik alleen doen. Maar ons waai die water koud.

Toe ant Bettie aanstap huis toe, kom loop oom Jerry daar na ons toe. Ek en Boetie was baie lief vir hom. Hy het altyd 'n glimlag vir ons gehad. Miskien was hy vir ons jammer want my pa was party keer maar straf op ons en hy het dit geweet.

Ant Bettie is korterig met twee wakker grysgroen oë. Haar hare is min en kort. Sy dra dit in 'n bollatjie agter haar kop. Sy stap met so 'n effense swaai van die lyf asof daar fout met haar een heup is. Ek het nooit gehoor iemand sê daar is fout met haar been nie; dit was maar net haar manier van stap.

Oom Jerry is bruin van die son maar het 'n spierwit voorkop omdat hy altyd 'n hoed gedra het. Hy het 'n paar harde, sterk voorarms en daar is baie krag in sy liggaam. Hy was die meeste van die tyd geskeer. Hy het die Kalahari soos 'n boek gelees en het op 'n sterk perd, wat maklik 'n volgroeide springbokram van 35 kilogram of meer op sy kruis agter die saal kon dra, deur die veld gery; die saal en stiebeuels krakend onder hom en die perd swetend.

"Wat maak julle?" vra hy verbaas.

"Ons maak die water koud vir die bier wat my pa bring," antwoord Boetie.

"Dit is die beste plan wat ek nóg gesien het," lag hy. "Gee dat ek julle help." Hy vat ook sommer die plaat uit Boetie se hande en begin waai dat die water eintlik sulke riffels in die bad maak. Hy waai sommer 'n hele ruk voor hy die plaat te-ruggee en die huis instap om vir oom Jim en Ou Mies te gaan groet.

John, Frederik en Baba kom met 'n kar en vier donkies aan. By hulle is die grammofoon en 'n paar plate. Dit is al musiek wat ons vir die aand sal hê. En dit was ook al die gaste.

Net voor sononder kom hou die swart 1939-Chev, vaal van die stof, op die werf stil. Dit lyk glad nie soos 'n bruidskar nie maar almal is verlig want op die pad kon enigiets gebeur en dan het hulle straks eers laat in die nag daar aangekom. Die motor kon kook, 'n veer kon breek, iets kon in die swaar sand met die koppelaar, die masjien of die remme verkeerd gaan. 'n Motor was 'n baie onbetroubare ryding in die Kalahari en jou tyd van aankoms op enige bestemming was heeltemal on-voorspelbaar.

Almal beskou die veilige aankoms voor sononder as 'n baie goeie begin vir die huwelik. Ons klap vir hulle hande toe hulle uitklim.

"Hêppie! Hêppie!" skree Frederik van Zyl en lag uitbun-dig.

Ou Mies kyk hom met 'n opgetrekte neus aan wat die plooie tot teen haar oë laat opstoot. Frederik hou op lag en ek wonder wat het hy dan verkeerd gedoen.

Ek en Boetie word so tussen die groetery deur nader ge-roep om die paar bottels bier in die koue water te gaan sit.

Terwyl die gaste oom Wessel se siel begin uittrek, gaan ant Johanna met 'n koffer na my ma se slaapkamer om skoon aan te trek. Oom Wessel was al 44 en volgens party van die vrien-de gans te oud vir 'n mooi jong vrou van 28 jaar.

Ná wat vir my soos die hele voornag gevoel het, maak ant Johanna uiteindelik haar verskyning in die sitkamer en almal klap weer hande. Hierdie keer sê Frederik niks maar hy kyk onderlangs na Ou Mies.

Ant Johanna stap skamerig oor die vloer na oom Wessel toe en nog voor sy by hom is, skree oom Jim: "Let the music roll for the bridal couple to open the floor!" So iets, soos ek dit lank daarna maar vir myself uitgedink het. Hy klap sy hande en lag vir sy Engelse opmerking want hy weet niemand verstaan eintlik wat dit beteken nie.

Maar almal het darem vermoed hy bedoel die musiek moet begin. Toe sit Frederik 'n plaat op die grammofoon en die musiek begin: *Die hand vol vere.*

Maar ant Johanna was 'n mooi Christenmens. Sy dans nie. Sy staan by oom Wessel en skud haar kop toe dit lyk asof almal vir hulle twee wag "om die vloer te open". Oom Wessel skud ook sy kop en hier en daar verskyn 'n grynslaggie op party gesigte.

My pa en ma open maar die baan want *Die hand vol vere* draai al 'n hele rukkie en is nou-nou klaar.

Ant Johanna het by oom Wessel op 'n stoel gaan sit en hou hierdie onheilige gedoente dop. Ek en Boetie staan so skuins agter hulle en ek is nogal spyt ons nuwe tannie kan nie dans nie. Dit lyk dan so lekker. Ek is jammer vir oom Wessel. Hy lyk skielik skamerig en kyk verleë na ant Johanna asof hy wil hê sy moet haar besluit verander maar sy glimlag net en skud haar kop. En die hele tyd wonder ek wanneer sal my pa sê ons moet kamer toe gaan en die deur agter ons toemaak sodat ons nie sien wat die grootmense doen nie. Maar ek wil nie sien wat hulle doen nie, ek wil kos hê!

Ná nog 'n hele klomp draaie op die musiek van ook die ander drie plate – *Vaalhoed se baas, Daar kom die Alabama* en *Daar's 'n hoender wat 'n eier nie kan lê* – sê my pa ek en Boetie moet twee bottels bier uit die bad met water gaan haal.

Ant Johanna vra gemmerbier en moes seker gewonder het in watter goddelose familie sy nou ingetrou het want ek het later gehoor sy hou nie van mense wat bier drink nie. Nie een van die vrouens drink bier nie. Daardie dae was dit nog taboe. Maar Ou Mies kom aarselend na my pa toe aangestap. Sy kyk onderlangs rond asof sy seker wil maak daar is niemand in die nabyheid nie.

"Het jy nie vir my 'n bietjie 'brandy' nie?" hoor ek haar vir my pa fluister.

Die verbasing slaan in my pa se oë uit. "Nee ... e ... nee. Ek hou dit nie eens vir medisyne aan nie," sê hy halfver-bouereerd.

Ou Mies is verleë. Die plooie wat naby haar oë was, sak af en lê om haar mond.

"Ek het maar net gevra," sê sy toe sy wegstap en iets in Engels brom.

My pa kyk haar agterna. Ek kan sien hy is geaffronteer want hy weet nie wat sy loop en brom nie.

Die grammofoonplate is al baie gespeel en erg gekrap. Die musiek kom nie lekker deur nie, maar so om die draaie sing die dansers: "Dis die haan, dis die haan, dis die haan wat op die kerktoring staan."

Dit is nie nodig om goed te hoor nie. Almal sing dat dit bokant die musiek uitstyg. Hulle dans op hul eie sang en ritme en hier en daar stamp iemand sy voet om die draaie om ekstra smaak aan alles te verleen. Ons sitkamer het 'n plankvloer en so 'n stamp met die voet dreun sommer hard.

Ná 'n ruk sê my ma dit is tyd om te eet. Ek is bly want dit is al waarna ék uitgesien het. Maar ons moet wag tot al die grootmense hulle kos gekry het. Dit voel vir my of hulle nie klaarkry nie en onnodig lank na die kos staan en kyk voor hulle inskep.

Toe ek en Boetie uiteindelik ons kos kry, eet ek en ek eet tot dit later voel asof my maag 'n sak is wat ek volprop. En daar is nog baie kos in die skottels oor. My pa kyk nie een keer na ons kant toe met die bedoeling dat ons ons uit die voete moet maak sodat hulle, soos Boetie gesê het, met hul grootmensgoed kan begin nie. Later die aand sê ek so skuins agter my hand, sodat niemand anders dit moet hoor nie, vir hom: "Pê-wê, jy't ook maar nie geweet nie. Jou liegbek!"

Niemand dink daaraan dat ant Johanna en oom Wessel moeg is van die lang treinrit en die vermoeiende reis oor die duine nie want toe ons geëet het, draai *Die hand vol vere*, *Alabama*, *Vaalhoed se baas* en *Daar's 'n hoender* tot middernag.

Dit was vir almal 'n lekker bruilof en hoewel ant Johanna my pa en ma herhaaldelik vir die groot verrassing bedank het, dink ek sy het daardie aand lank op haar knieë gestaan en baie vir ons almal gebid.

Ant Johanna het sommer gou 'n Kalahari-mens geword en vier pragtige kinders op Cleopatra grootgemaak.

Tot vandag toe wonder ek of Frederik toevallig of met opset heel eerste *Die hand vol vere* gespeel het. Hy het dié plaat daarna meer as die ander gespeel, en dan lag hulle onderlangs vir oom Wessel terwyl hulle ewe lustig saamsing: "Solank as die kind in die tjalie lê, dan lyk hy net soos jy."

DIE KRISMISHOENDERS

In ons kleintyd op Wilheben was groukatte en muskeljaatkatte volop. Dit sou ons nooit gepla het as dit nie vir my ma se paar hoenders op die werf was nie. Dit is juis as gevolg van hierdie gediertetjies dat die aantal hoenders konstant gebly het. Ons het dus oorlog teen die groukatte en muskeljaatkatte verklaar.

'n Verdere probleem was dat die groukatte graag die huiskatte molesteer het. Sommer nou-nou het jy 'n spul baster groukatte in die huis en op die werf. Hulle is wild en blaas vir jou met ontblote tande wanneer jy naby kom. Hulle het oorwegend die kleur van 'n groukat en was nogal mooi. As dit nie vir hul wilde natuur was nie, sou hulle seker gesog gewees het.

Dit was net die groukatmannetjies wat by die huis kom kwaad doen het. Die huiskatmannetjies het nie agter groukatwyfies aangehardloop nie. Ons het nooit 'n groukatwyfie met baster kleintjies in die veld gekry nie. Miskien was die wilde wyfies te sterk en veglustig vir huiskatte om hulle te dek.

Die spul bont hoenders het losgeloop en snags op 'n steier naby die houthoop geslaap. Dit was eintlik 'n uitnodiging aan die omgewing se wildekatte om hulle daar te kom opvreet.

'n Mens sou kon vra waarom ons nie 'n hoenderhok gehad het nie. Ek weet nie. Miskien omdat die prys van ogiesdraad veel hoër sou wees as die waarde van die paar hoenders wat deur die wildekatte gevang is. Of dalk was dit onekonomies om hulle op hok te voer ter wille van die paar eiers. Mielies was in elk geval haas onbekombaar en baie duur. Hulle moes maar kos op die werf soek en kosteloos eiers lê. Van Arahoab tot Vogelweide het niemand 'n hoenderhok gehad nie. Elke plaas het wel 'n paar hoenders gehad wat snags op 'n steier geslaap het. Vroegoggend het ons die hane by oom Wessel en oom Jerry, wat omtrent 'n myl van ons af gebly het, duidelik hoor kraai.

My ma se paar henne het weggelê. Om 'n nes tussen die bosse en lang gras te kry, was 'n operasie wat jy met geduld moes onderneem. Sodra sy klaar gelê het, kekkel sy ver van die nes af en jy gaan soek verniet daar waar sy uitdagend staan en kê-kê-kêk! Môreoggend wanneer sy saggies begin kê-kê-kê, asof sy neurie, hou jy haar dop want jy weet sy wil lê. Maar sy loop allerhande draaie tussen die bosse en mislei jou gruwelik as sy sien jy volg haar. Sy slaan selfs 'n dag oor en lê glad nie of sy los die nes.

Met die wildekatte in die veld, blouvalke in die lug en henne wat weggelê het, was die kanse vir 'n redelike aanwas van my ma se kosbare hoendertroppie gering. Daarbenewens was die eiers van die hitte dikwels vrot voor dit kon uitbroei.

Maar af en toe het 'n hen met drie of vier kuikens tog op die werf kom aanstap. Dit was 'n gebeurtenis wat met groot opgewondenheid begroet is en alle moontlike voorsorgmaat-reëls is getref om die paar kuikens groot te kry. Die hen is bedags by die huis kos gegee en onder die oog gehou. Die kuikens het broodkrummels en pap gekry. Saans is die hen met haar kuikens in 'n beskutte plek toegemaak. Die kuikens was vir my ma amper net so kosbaar as die karakoellammers vir my pa.

En só het dit gekom dat daar teen Kersfees gewoonlik 'n ou hen en 'n groot haan was wat ingehardloop moes word. Hulle is in 'n klein hokkie gesit, met net genoeg plek vir 'n waterbak, om ses weke lank uitgevars te word. Daar op die werf vreet hulle mos enige ding.

Geelmielies en fyngekerfde groen lusern suiwer 'n hoender se gestel sommer gou en sit 'n dik laag vet op sy kruis. Die laaste tien dae voor Kersfees word die Krismishoenders elke dag met die hand gestop tot hul kroppe rond staan van al die geelmielies. My ma doen dit self, want sy sê as die geelmielies uitswel, sal die hoenders se kroppe bars indien dit te styf gestop is.

Dit was my en Boetie se werk om die hoenders te vang. Dit was nie juis verskriklik moeilik nie want ons was gewoond daaraan om karakoellammers in te hardloop. Jy jaag net die hoender tot hy flou is en gaan lê.

Die hoendervangery het ook sy eie intriges gehad.

Op 'n dag het ons 'n jong haan gejaag wat sommer lekker oopgelê het. Hy het sy draaie ver buite die werf loop gooi maar uiteindelik was hy flou en ons trek hom onder die bos uit waar hy loop inkruip het.

Boetie het die haan aan sy twee pote met sy kop na onder gedra. En so met die aanstap huis toe tel ek 'n klip op om na 'n paar hoenders te gooi wat met die jaery daar op die werf die wyk geneem het.

Dit was nie so bedoel nie maar ek tref een van my ma se pronkhane teen die kop. Hy hardloop 'n paar tree met 'n dronk kop rond en trap hoog. Toe val hy neer en gaan dood. Sommer net so, sonder om te skop. As jy 'n hoender se kop afkap, spring hy rond soos 'n begogelde ding terwyl sy kop met toe oë daar eenkant op die grond lê. Maar hierdie een het doodstil gelê.

Toe ons by hom kom, is sy lyf slap en daar is nie 'n tiekie se skop in hom nie.

Wat nou gemaak? My ma sal baie kwaad wees en my pa sal sy breë leerlyfband uit sy broek se lissies ruk dat dit met 'n klapgeluid reguit staan.

As die haan vanaand wanneer die hoenders op die steier by die houthoop spring, vermis word, sal hy net nog een van die groukatte se slagoffers wees. Só besluit ons.

Die middag toe ons die melkkoeie wegjaag veld toe om te gaan wei, dra ek die dooie hoenderhaan saam duin toe. Dit is mos ek wat hom doodgegooi het en ek moet toesien dat die ding ongemerk van die werf af kom. Agter die duin braai ons hom en eet hom op. Hy is nogal lekker vet. Die oorblywende bewysstukke verbrand ons en gaan nie van die vuur af weg voor ons nie seker is daar bly nie 'n spoor van die haan oor nie. Toe gooi ons die kole onder sand toe.

Kort daarna gebeur 'n veel erger ding met Boetie: Hy gooi 'n koei dood. Sommer ook net so, soos ek die haan doodge-gooi het. Sonder bedoeling en sonder dat hy kwaad was. Die ver-skil is dat ons nie die koei kan wegdra duin toe en daar gaan opeet nie.

Gelukkig is dit winter en die guskoei is vet. Ons kan haar afslag en biltong maak. En reken, my pa wat ook maar altyd op soek was na 'n geleentheid om ons te streep, laat hierdie geleentheid verbygaan en verkies om net te raas. Sommer met ons albei vir al die dinge wat ons op die werf loop en doen want: "God weet! Julle sal die plaas en boerdery waarvoor ek so hard werk, eendag deur julle gatte trek! Hoe kry 'n mens dit reg om 'n koei sommer net so vrek te gooi?"

Die raas was amper net so erg soos 'n afranseling met die breë lyfband. Ons het maar gesorg dat ons die koei afslag son-der dat daar iewers 'n haar aan die vleis kom. My pa kon dit nie verdra dat daar hare aan 'n slagding se vleis sit nie. "Dit is morsig om só te slag. Dit is nie soos ek julle geleer het nie."

'n Ander keer moes ons weer Krismishoenders vang. Dié keer kruip die haan onder 'n turksvybos in en ons sien nie kans om hom daar te gaan uithaal nie. Ons steek hom met 'n lang riet en woel hom want 'n flou hoender gaan lê plat op sy maag. Uiteindelik is die haan anderkant uit maar nie sonder letsels nie. Sy lyf is vol gate gesteek en hy lyk redelik gehawend.

My ma is by die hok – 'n petrolkas met 'n sifdeurtjie – toe ons die haan daar aanbring. Sy kyk ontsteld na die haan wat plek-plek velaf is en rooi kolle op ander plekke het waar die bloed op die vere uitslaan.

"Het julle die haan met die honde gejaag?" wil sy weet. Sy is kwaad; een van die min kere in haar lewe. "Kyk hoe lyk die ding! Wat het julle met hom aangevang?"

Ek en Boetie kyk onderlangs na mekaar en moet ons baie sedig voordoen om nie uit te bars van die lag nie. Die haan wat soos 'n siek ding halfgehurk in die hok staan, lyk of hy piep het.

Sy aanvaar ons stilswye as 'n skulderkenning dat ons die honde op die haan gesit het. Sy is nie een vir raas en baklei nie maar hierdie keer is dit te erg.

"'n Mens jaag nie 'n slaghoender met honde nie. Wag tot ek julle pa van hierdie ding vertel!" dreig sy. Dit is soos 'n oordeel wat sy oor ons uitspreek. "Gaan haal vir my die MMB-salf in die kassie voor my bed," sê sy vir my. "En maak gou!"

Sy praat nooit só met ons nie. Dit is vir my verskriklik erg en ek skaam my.

Ons is doodbenoud dat my pa ons sommer dieselfde dag gaan deurloop want as my ma ons nie gaan verkla nie, sal hy sweerlik self sien wat gebeur het. Só maak ons mekaar wys want hy en my ma het altyd ná die vieruurkoffie sommer so 'n draai oor die werf en tussen die jong bloekom- en sipresbome geloop. Hier en daar het ons ook 'n sitrusboom geplant. Op Wilheben se werf was nie 'n enkele boom toe ons daar gekom het nie. Die jong boompies is uit die Unie bestel en elkeen kan sy eie verhaal vertel van hoe hulle op Wilheben se werf aangekom het.

Ná my pa hom daarvan vergewis het dat ek en Boetie elke boom met 'n ou petrolblik natgegooi het, loop hulle gewoonlik by die hoenderhok verby waar die verminkte haan nou met omgedopte oë staan asof hy agteroor wil steier. My pa is baie oplettend. Hy sal die hoenders in die hok sien en ondersoekend kyk na die siek haan wat ons vir Kersfees wil vetmaak.

Met groot verligting sien ons my pa en ma dié middag in die teenoorgestelde rigting stap, die skuinste af na die gronddam waaruit die groentetuin natgelei word. Hulle versuim langer in die tuin as wat hul stappie op die werf gewoonlik duur. Die volgende twee dae gebeur presies dieselfde ding.

Ondanks hierdie vreemde optrede wat vir ons oneindige verligting gebring het, het my ma se dreigement om vir my pa te sê, 'n dag of twee soos 'n wolk oor ons gehang, maar aan sy optrede kon ons ons later oortuig dat sy ons nie gaan verkla het nie. Toe besef ons ook sy het hom elke dag met opset van die hoenderhok af weggehou sodat die haan kan herstel maar ons was steeds te skaam om vir haar dankie te sê.

Gelukkig was die haan sommer gou piekfyn. En was dít vir jou ses weke later 'n geurige braaihoender op die Krismistafel!

RYKDOM

Die karakoelskaap het die Kalahari verlos van die wurggreep wat droogtes en vetstertwitskape – waarvoor daar nie 'n mark was nie – op hom gehad het. Was dit nie vir die karakoel nie, sou die Kalahari baie, baie jare lank die stempel van armoede en versukkeldheid gedra het. Dit sou slegs bekendheid verwerf het vanweë die skouspelagtige troppe wild wat op die reënspoor aan gekom en gegaan het.

Die karakoele het ons daar langs die Nossob ryk gemaak. Swart goud. Nie oornag nie maar stelselmatig, namate die ras ontwikkel het. Ons het stadig aan welvaart gewoond geraak. Dit was goed. Toe dit op dreef was, het die bedryf uiteindelik langer as 50 jaar goed standgehou. Toe het die mark getuimel. Modebase het geswig voor die druk van betogers wat teen die gebruik van pelse geagiteer het. Dit het egter nie bankrotskappe gebring soos wat jare tevore met die volstruisvere die geval was nie. Die Kalahari het die dorper net so goed ontvang as wat met die karakoel die geval was en teen daardie tyd was daar 'n gevestigde infrastruktuur wat die vleisskape by die markte kon bring.

Die Kalahari se mense het egter mense gebly. Beskeie en godvresend. Hulle het ruim bydraes aan die kerk gemaak sodat dit hierdie eens armoedige gemeenskap se eer sou wees dat Aranos se NG gemeente die rykste in Namibië is. Hulle het nie herehuise gebou soos die volstruisboere van Oudtshoorn nie maar moderne, gerieflike huise waarin hartlikheid en gasvryheid betoon is aan almal wat daar aangekom het, hetsy bekende of vreemdeling. Die mense met hul besondere lewenskwaliteite, en nie die karakoele nie, was die ware rykdom van die gebied. Daar was nie iets soos snobisme nie maar die mense se aansienlike vermoëns en hul gesofistikeerdheid het die geleentheid gebied om so 'n "status" aan te neem.

Kort ná my geboorte in 1931 het my pa van Texas, langs die Nossob aan die bokant van Pretorius, getrek na 'n plaas met die naam Kauchas, langs die Visrivier, naby Kub. Wes van die Visrivier het die Swartrante gelê. Die naam sê wat dit is: 'n droë, klipperige wêreld. My pa wou naby die Duitsers kom wat die eerste mense was om met karakoele in Suidwes te boer. Hulle het hoofsaaklik daar van Kub af na Maltahöhe en Mariental se kant toe geboer. Latere bekende stoeterye was Voigtsgrund, Harribis en Eirup. Laasgenoemde lê in die Kalahari tussen Stamprietfontein en Arahoab.

Heelwat later het oom Johannes van der Wath van Stampriet ook volbloedramme en goeie kruisingsramme geteel. Maar dit was eers ná die Tweede Wêreldoorlog. Hy was 'n boer-skoolhoof en het Stamprietfontein in die vroeë veertigerjare by oom Klaas Maritz gekoop. Oom Klaas het ander grond ook gehad maar Stamprietfontein was 'n besondere plaas met nie minder nie as vier springwaterboorgate. Almal het gewonder waarom hy die plaas verkoop het en het die afleiding gemaak dat oom Johannes vir hom 'n baie goeie prys moes aangebied het. Oom Klaas was 'n gesiene persoon en jare lank ouderling in die NG Kerk. Hy het met 'n kapkar en vier perde gery terwyl die meeste mense oop donkiekarre gehad het.

Interessant genoeg het die mense gepraat van Harribis-, Voigtsgrund- en Eirup-ramme maar oom Johannes se ramme was nie Stampriet-ramme nie, dit was Van der Wath-ramme.

Oom Johannes is later deur doktor Verwoerd as Adjunkminister vir Suidwes-Afrika Aangeleenthede aangestel. Teen die einde van 1968 het hy Administrateur van Suidwes geword.

As 'n kaalvoet Kalahari-kind, toe ek saam met my pa is om ramme by hom te koop, het ek nooit kon droom dat ek sowat 20 jaar later 'n besoek aan hom in die administrateurswoning in Windhoek sou bring nie. Dit was in 1972 toe ek lid van die Suid-Afrikaanse parlement was. Ek het in 1970 LV vir Odendaalsrus in die Vrystaat geword en toe Henning Klopper, die bekende Speaker, in 1974 uit die politiek tree, het ek LV vir Parys geword.

Strydom van der Wath, een van oom Johannes se seuns, boer steeds op Stampriet. Hy is 'n ewe gesiene boer en was 'n geruime tyd voorsitter van die karakoelvereninging van Namibië en Suid-Afrika.

Die karakoelskaap is 'n geharde dier wat goed in die warm, droë dele van Suidwes aard. Hy kan ver ente op 'n dag agter karige weiding en 'n bek vol droë gras aanloop en het om daardie rede 'n veld sommer gou uitgetrap. By ons in die Kalahari was dit des te meer die geval want daardie tyd het al die plase net een boorgat of put gehad. Die skape is bedags opgepas om hulle teen ongediertes te beskerm en het snags op die werf kom slaap. Hulle het elke oggend oor dieselfde spore veld toe en saans weer terug werf toe getrek. Dit het baie skade aan die grond en weiding in die omgewing van die water aangerig. Maar dit kon nie verhelp word nie want daar was nie kampe nie en die ongediertes was so volop dat die kosbare vee doodeenvoudig elke nag in die kraal moes kom slaap.

Die karakoel is in daardie dae uit swartkoppersies en blinkhaarafrikaners geteel. Dit was 'n lang proses, want bont velletjies – ons het nie van pelse gepraat nie – was nie in aanvraag nie. Wit en bruin ook nie. Later het wit en bruin velletjies egter, na gelang die modebase se giere wissel, tog goeie aanvraag geniet. Grys velletjies was ook later baie gesog en het hoë pryse behaal. Maar aan die begin was dit net swart.

Om swart lammers uit wit skape te teel, het beteken jy moes elke keer 'n karakoelram by kruising na kruising bring tot daar nie meer bont lammers aankom nie. Dit kon ses tot sewe geslagte duur. Sonder deskundige landbouvoorligting was dit 'n prestasie by uitnemendheid vir die boere van daardie tyd om hul wit skape stelselmatig op te teel tot die beste kwaliteit karakoel wat pelse van hoë gehalte gelewer het en van die mees gesogte op die wêreldmarkte was. Die boere moes selfs die manier waarop die velletjies bewerk word, uitvind en aanleer. Daar was nie pamflette of ander voorligting beskikbaar nie. Velkopers was 'n belangrike bron van kennis en kon darem sê watter vereistes die mark stel. Geen boer het egter ooit demonstrasies en voorligtingsessies bygewoon nie want boereverenigings en landbouvoorligters het toe nog nie bestaan nie. Elkeen moes maar op sy eie manier opsnork.

Daar was mense wat misbruik gemaak het van die boere se angstigheid om van swartkoppersies en blinkhaarafrikaners na karakoele toe oor te skakel. Hulle het minderwaardige ramme aan hul medeboere verkoop, solank die ramme swart was.

My eie ma se suster ant Nellie en oom Albert het in 'n rousteenhuisie op Schneider van oom Tom Martins gebly. Hy was oom Albert se pa en Schneider was die derde plaas langs die Nossob aan die onderkant van Pretorius. Roustene is gemaak van die slik langs die rivier en is nie gebak nie. Dit was baie sag en as die buitemure nie goed met 'n mengsel van klei, kaf en beesmis afgepleister is nie, het dit gou stukkend gereën en verweer. Daar het baie sulke hartbeeshuisies langs die Nossob gestaan maar oom Tom het 'n groot huis gehad wat afgepleister en witgekalk was.

Ek het 'n brief van my eie ma in my besit wat sy op 31

Maart 1935 van Kauchas langs die Visrivier aan haar suster ant Nellie geskryf het:

Ek is bly dat Albert ook nou geld gekry het [waarskynlik van die Landbank] om vee te koop. Hy moet net versigtig wees met die ram koop. Hy moet tog nie by ou Kolie een van ou Koos Kotzé [my pa se neef] se ramme koop nie. Ons het hier een wat die ou ons op proef gegee het, maar hy bring skoon persië [swartkoppersie] lammers. Pas op ook maar vir die smouse. As hy kan by "Voigts" vir hom een koop, sal hy seker geen fout maak nie of by die groot ramtelers. Albert moet nou sy vee uitvang [hy het waarskynlik nog saam met oom Tom geboer] en eenkant boer, hoor. Julle moet ook liewers uit, uit die Nossob nou en kom boer hier in die Swartrante naby ons.

Die mense langs die Nossob was angstig om oor te skakel karakoele toe want daar was nie aanvraag vir blinkhaarafrikaners, wat net as slaggoed bemark kon word, nie. My pa en ma was skynbaar in hulle skik met hul karakoele en beïndruk met die Swartrante, vandaar die feit dat my ma ant Nellie aangemoedig het om uit die Nossob weg te trek Swartrante toe.

'n Jaar later op 26 April 1936, kort voor haar dood op 19 Mei van dieselfde jaar, skryf my ma weer vir haar suster:

Hoe lyk dit, het julle al hamels verkoop? Wat betaal hulle daarlangs? Hierrond betaal hulle maar van 11/– tot 12/– vir 2 tot 3 jaar oud hamels. Willie [my pa] het nog nie verkoop nie. Hy hou nog maar 'n bietjie terug.

Wat sy nie in gedagte gehou het nie, was die feit dat die spoorwegstasie op Kalkrand naby my pa was. Die spekulante het daarlangs wel skaap gekoop en dit op die trein gelaai Unie toe. Langs die Nossob is nie skaap gekoop nie want hulle moes meer as 100 myl oor die duine deur die droë Kalahari

Mariental toe gejaag word. Dit was 'n haas onbegonne taak.

In dieselfde brief skryf sy ook:

Ons ooie is nou sterk aan die lam en die velletjies is nou besonder goed op prys.

Ongelukkig sê sy nie wat die prys was nie.

Ons drie kinders het ná haar dood elkeen £100 uit haar deel van haar en my pa se gesamentlike boedel geërf. Daardie dae was dit sommer baie geld en blykbaar kon my pa dit by die Meester van die Hooggeregshof inbetaal sonder om van sy skaap te verkoop. Toe hy ná haar dood teruggetrek het Nossob toe, het hy met 'n dik trop bont skaap daar aangekom. Daar was al heelwat swartes by. £300 uit sy bankrekening is bewys van hoe goed hy met sy karakoelboerdery gevaar het. Hy het toe maar sowat vyf jaar in die Swartrante geboer.

Die feit dat die lammers by geboorte geslag word – nie later as twee dae daarna nie want dan begin die hare groei en die pels verloor sy krul – het beteken dat 'n ooi wat vyf maande gedra het twee keer in 'n jaar kon lam. Die slagting het die veld ook baie gespaar want uit 1000 ooie wat lam, het jy in goeie jare bes moontlik net 200 lammers laat loop om die kudde se getal konstant te hou. Maar in die twee lamseisoene van daardie jaar het jy dalk sowat 1500 lammers aangekry waarvan jy 1300 geslag het sonder dat hulle ooit 'n bek vol gras gevreet het.

Lampersentasies was gewoonlik nie baie goed nie. Die karakoel het 'n groot vet stert en die ramme moes maar sukkel om daarby verby te kom om die ooie te dek. Daarbenewens het die trop bedags ver geloop om te wei en die ramme het meer energie aan loop en wei bestee as om ooie te dek. As so 'n moeë ram dan wel 'n ooi dek, loop hy 'n lang ruk agter haar aan en dek haar sommer 'n paar keer in plaas van om 'n ander bronstige ooi te gaan soek. Die inspanning was net te veel.

Die gevolg was dat baie ooie oorgeslaan en nie gelam het nie.

Om lammerooie op te pas, was dae vol moeilikheid. Ek en Boetie moes naweke en vakansies die lammerooie oppas. My pa het nie daaraan geglo dat ons by die huis moes wees nie, allermins ledig.

Lamtyd was gewoonlik Junie of Julie en weer Desember of Januarie. Net mooi in die lang vakansies.

Die eerste paar lammers wat jy wil laat loop, word bedags in die hok gehou en die ooie loop saam met die trop veld toe. Die lammers word dan saans op die werf uitgesit en elke ooi moet sy lam kom vat. Hulle gooi sulke tye maklik die lammers weg, of 'n ooi waarvan die lam geslag is, vat 'n ander ooi se lam af. Maar dit het nie saak gemaak nie, solank sy genoeg melk gehad het. Die probleem het gekom as die lam nie sy ma kon kry nie. Dan moet jy die hele trop deurloop om die ma te soek sodat jy haar 'n dag of twee by die lam kan vasmaak.

As daar ná 'n paar dae so 'n stuk of 15 lammers in die hok is – want die meeste word elke oggend geslag – word die ooie afgekeer. Dit is nie 'n probleem om so 'n klein troppie lammerooie op te pas nie. Hulle is gewoonlik in 'n bondel en bly by die lammers. Maar as dit 150 tot 200 ooie met lammers is, is dit heeltemal 'n ander storie. Daar is mos sterk lammers wat al ver ente saam met die ooie kan loop en daar is swak lammers wat bly lê.

Ons moes hulle in die kalke langs die rivier oppas. Die kort gras van die kalke was goeie skaapveld en die lammers kon nie so maklik daarin wegraak nie. Die kalke het amper 'n myl breed weerskante van die rivier gelê voor die duine begin. Daar was diep slote en baie bosse waarin 'n ooi met haar lam maklik kon agterbly.

Ons mog nie die ooie in 'n bondel hou nie. Hulle moes oopsprei en wei. Die ooie met sterk lammers het vinnig geloop en in die reëntyd in alle rigtings agter die driedorings se blomme aangehardloop. Die swak lammers het dikwels bly lê omdat die ma's saam met die trop wil loop. Dit was hierdie blylêlammers wat moeilikheid gebring het want hulle het agter 'n miershoop, onder 'n bos of agter 'n klip bly lê en jy het by hulle verby geloop sonder om hulle te sien. En as dit 'n dagoudlam was, het hy in die somer maklik doodgebrand as hy te lank in die warm son bly lê. Dan het die duiwel jou gehaal. En die hele tyd het my pa ons daar van die huis af met die verkyker dopgehou dat ons nie loop en speel nie.

My pa was 'n man van gemiddelde liggaamsbou met groot blesse op sy voorkop soos een wat min hare het. Hy het nooit 'n hoed gedra nie en sy vel was taai gebrand. Hy het bruin oë gehad waarin ek nie graag gekyk het nie want dit was selde vriendelik teenoor ons.

Ons moes ook voortdurend op jakkalse bedag wees want hulle was so astrant dat hulle helder oordag onder die lammers gevang het. In die middae was die son so warm dat ons honde nie uit die skadu wou kom nie maar jakkals se kind het nie vir hitte omgegee nie. Hy het gevang. Dit was nie 'n mooi gesig as 'n jakkals 'n skaap se vet stert afvreet asof hy 'n wildehond is nie. Ek het nooit self so 'n aanval gesien nie; net af en toe 'n skaap met happe uit sy vet stert waaruit die bloed drup. Dit het gebeur omdat die skaap aanhou hardloop het. As 'n jakkals 'n skaap eers neertrek en hom aan die keel beetkry, byt hy hom maklik dood.

Ek en Boetie het natuurlik nie besef wat dit aan tyd en geduld gekos het om 'n karakoelskaap uit 'n swartkoppersie te teel en hoe waardevol elke karakoel was nie. Vir die harde, droë wêreld en die tyd waarin ons geleef het, was dit inderdaad wonderdiere. Maar vir ons was dit bloot 'n stryd om te sorg dat daar nie 'n lam in die veld bly lê of dat 'n ooi met 'n lam afraak nie. Die regte getal diere wat vanaand huis toe kom, was al wat by ons getel het, nie die feit dat elke lam kosbaar was nie.

Sononder wanneer ons die lammerooie werf toe bring, het die ooie begin hardloop as ons nog so 'n paar honderd tree van die water af was; dors van die dag se warm son en die melk wat hulle vir die lammers moes produseer. Die swakker lammers kon nie byhou as die ooie aan 't hardloop gaan nie en het in die stof agter geraak. Ons het gesukkel om hulle bymekaar te hou. Party wou die veld in hardloop. Ná 'n ruk het die ooie wat klaar gesuip het in 'n streep teruggehardloop gekom. Soos hulle aankom, ruik hulle op 'n streep aan die lammers om hul eie te kry. Dit was 'n deurmekaarspul en 'n verskriklike geblêr. Maar met die ooie by hulle, het die lammers bedaar.

Uiteindelik kom ons dan in 'n stofwolk by die kraal. Ek en Boetie dra van die swak lammertjies wat te moeg is om te loop. Nie omdat hulle kosbaar is nie want ons dink nie daaraan nie, net om hulle veilig in die kraal te kry.

My pa staan naby die hek, weg van die stof af. Hy staan nie daar om vir kruppel goed te kyk nie. Dit doen hy soggens. Hy wil weet of al die lammers huis toe gekom het en of die ooie dikgevreet is. Daar in die aandskemering lyk hy dreigend. Hy lyk altyd dreigend.

Die ooie en lammers bondel deur die hek en dit gee weer 'n oorverdowende geblêr af. Maar 'n ooi en haar lam ken mekaar se blêr en nog voor die stof in die kraal gaan lê, is elke lam by sy ma.

Dít is wanneer my pa staan en luister of daar nie ooie is wat sonder hul lammers is nie. Aan die onrustige manier van blêr, hoor jy dit sommer gou en dan sien jy die ooi wat soek-soek deur die kraal loop en aan elke lam ruik.

Ons het die oomblik gevrees dat my pa sou sê: "Daardie ooi se lam is weg. Het julle verdomp weer geloop en speel?

Roer julle gatte! En julle kom nie sonder hom terug nie!"

Wanneer ons teen die kalksloot se oorkantste wal uitklim, huil ek want ek ken van lamsoek in die nag. Jy loop en skree "bê … bê!" tot laat in die nag. Die plat tn!ooi-bosse krap jou bene in die donker uitmekaar tot die bloed uitkom en jy word al hoe hongerder want jy was nog nie by die huis om te eet nie.

Ons het nooit aan spoke gedink en was nie bang vir die nag nie. Ons was net vir my pa bang.

Maar om lammerooie op te pas, het ook sy heerlike oomblikke gehad. Ek kon my verluister aan die knabbel-blêr van ooie wat loop en wei. Dit het geklink asof hulle rustig met mekaar en met die lammers praat. Dit het 'n gevoel van groot genoegdoening by my gewek.

Ek het my van kleintyd af in die natuur verlustig en my kinderlike gebede daar in die veld gebid dat dit moet reën wanneer dit so droog is dat die maer skape, veral die ou ooie, nie teen die hoë duine kon uitkom nie.

Die Kalahari kry nie baie reën nie maar die duine gee nie 'n enkele druppel daarvan prys nie. Dit sak in die sand weg en bly behoue om die dors na lewe te les van elke saadjie en swam wat so lank onder die warm sand gewag het. En die verdroogde wortels stoot taai plantsap na elke verkrimpte ogie wat vir lewe en dood aan harde hout en bas geklou het tot die nuwe lewe kom.

Die warm, droë aarde gee alles wat hy het nadat dit gereën het. Jy ruik dit in die lug en aan die grond, jy hoor dit in die geluide van die veld en jy sien hoe die natuur voor jou oë ontluik. Die skape tel vinnig op. En as die kalke waar ons die ooie oppas, groen staan van gras en bont is van bosse wat blom, sê ek: "Dankie, liewe Jesus, vir die reën."

Droë gras wat in die sagte winterson soos 'n wit newel oor die rantjies vou en heimwee in jou hart bring wanneer jy Sondagmiddag alleen op 'n miershoop tussen die lammerooie sit, is ook mooi, want dit beteken die voorjaar was goed en daar is baie droë kos vir die diere. Dit is tog al wat tel. My oë kon nie genoeg daarvan kry nie en het sonder ophou oor die rantjies gedwaal. Eintlik was dit nie heimwee nie. Ek was mos waar ek hoort. Ek het geen ander tuiste of omgewing geken nie. Die gevoel was dié van alleenheid.

Miskien sou dit anders gewees het as ons maats gehad het. Daar was egter nie kinders van ons ouderdom in die omgewing nie. Net Jol en Sarel op Cambridge. Maar ons het nooit die drie myl tussen ons oorbrug om by mekaar te speel nie. Weeksdae saam op ons skooldonkies was vir ons genoeg.

In droogtetye wanneer die veld kaal is, is die rantjies langs die rivier swart en die Kalahari is rooi. Die hittegolwe wat eindeloos in die helder son daaroor ry, maak 'n mens se oë seer.

Agter die lammerooie het ons die veld leer ken en daarmee saam gegroei. Ons het geweet waar die rosyntjiebessies eerste ryp word en waar die bosse staan wat bloedrooi bessies dra in teenstelling met dié wat 'n effense geel skynsel het as dit ryp is. Dit was effens vrank.

Ons het kambro uitgegrawe en dit vir die avontuur geëet want dit was nie juis lekker nie. Dit het gesmaak soos die grond waarin dit groei. Later het ek besef dat dit iets besonders was want daar is mense wat 'n eksotiese konfyt daarvan kook.

Wilde komkommers, ook bekend as wilde agurkies, was volop en heerlik met 'n effense suur smaak wanneer dit ryp is. Daar was ook galbitteres en hoewel dit nie maklik onderskeibaar is nie het ons selde 'n fout gemaak as ons daarvan pluk om te eet. Witgatbessies was ewe lekker. In die duine was daar tsammas, gemsbokkomkommers en kalbasbessies.

Terwyl ons agter die lammerooie loop, skiet ons met die rek voëls. Ons het van rekke gepraat; nie van ketties nie. 'n

Sandpatrys wat op die grond loop of 'n blouduif wat in 'n boom sit, was nie veilig as ons binne trefafstand kom nie. Vir elke voël wat jy skiet, sny jy 'n kepie op die mikstok uit. Daar is sommer gou nie meer plek om te sny nie. Ná 'n ruk maak die rekke barsies en dit breek want jy knip dit met 'n skêr uit 'n ou binneband. Dan maak jy 'n nuwe rek en leer opnuut hoe om daarmee te skiet want g'n twee rekke skiet dieselfde nie.

Tarentale en fisante het glad nie in daardie wêreld voorgekom nie maar kelkiewyne en sandpatryse het soggens in groot swerms by die gronddam kom sak. Hulle vlieg tot 80 kilometer agter water aan.

Daar was 'n draad dwarsdeur ons gronddam gespan sodat die helfte van die water in die tuinkamp was terwyl die ander helfte vrye toegang aan die diere gebied het. Dié deel van die damwal wat in die tuinkamp was, was met vyebome omsoom.

Dit was groot bome want hul wortels was diep in die sagte, klam grond van die gronddamwal geanker. Hulle het pragtige, groot vye met pienk vleis gedra. Die stroop het daaruit gedrup wanneer dit safryp was.

Vanaf die kalkheuwels wat die dam aan drie kante omsluit, lyk die groot vyebome by die water, omring met groen beddings lusern, groente, waatlemoene en pampoene, soos 'n oase onder die warm son. Dit was 'n gereelde uitspanplek vir feitlik almal wat met hul trekgoed daarlangs verbygegaan het. Hulle kon vrylik water gee. Maar as my pa se skaap op die water is, moes hulle wag tot die skaap klaar gesuip het. My pa het dit nie geduld dat perde en donkies deur sy skaap loop wanneer hulle suip nie.

My pa was darem nie altyd ongenaakbaar nie. Wanneer hy byvoorbeeld in die veld by die skaap was en iets besonders sien, vertel hy ons daarvan. Of hy sal ons selfs stuur om daarna te gaan kyk. Op 'n dag het hy gesien hoe 'n houtkapper sy nes in 'n boomstomp uitkap. Hy het ons haarfyn beduie hoe om daar te kom en gesê ons moet die plek versigtig nader sodat ons kan sien hoe die houtkapper werk. Ons het dit gekry en was verstom. Dit was die eerste keer dat ons gesien het hoe 'n houtkapper 'n gat in 'n boomstam pik, en ons kon nie glo dat ons die kappery so duidelik kon hoor nie.

'n Ander keer het my pa 'n uil se nes in 'n groot kameelboom se takke raakgesien en gesê ons moet daarna gaan kyk. Daar was twee uilskuikens wat oor die kant van die nes na ons geloer het met groot, dowwe oë en spits vere langs die kop wat soos ore lyk. Wat my pa natuurlik nie voorsien het nie, was dat ek en Boetie klippe na die nes sou gooi. Sommer ná die eerste paar klippe was die uilskuikens op die grond. Toe ek een wou optel, slaan hy sy skerp naels in my hand in en klou asof sy lewe daarvan afhang. Dit kon goedskiks sy lewe gekos het. Maar ek het geskree van die pyn want die bloed het gedrup waar sy naels in my vleis ingeslaan was. Gelukkig was Boetie gou by om my te help bevry sonder dat ons die uilskuiken se nek omdraai. Ek het dit nie gewaag om 'n verband by my ma te gaan vra nie. Hegpleister het toe nog nie bestaan nie. Gelukkig was ons hande so dikwels stukkend en vol bloed van ruwe plaaswerk dat nie my ma of pa gevra het watse letsels ek op my hand het nie.

My pa was baie lief vir die skaars voëlsoorte soos die rooiborslaksman, die spekvretertjie met sy mooi groenblou eiertjies en die kapokvoëltjie wat sy nes van skaapwol, blinkaargras se saadpluime en ou spinnerakke weef met 'n klappie voor die opening. Húlle en swaeltjies mog ons nooit geskiet het nie.

Wanneer die rivier afgekom het, is hy saam met ons soontoe om stokke op die waterlyn in te steek. My ma het ook party keer saamgekom. Die Ovambo wat in die kombuis werk ook. Dan moes elkeen van ons raai of die water teen die aand sal sak of styg en 'n stok insteek wat die waterlyn volgens ons raaiskoot sal aandui. Dit was vir ons lekker dat my pa iets saam met ons gedoen het, al was dit net om stokke langs die waterkant in te steek en saam met ons te wag om te sien wat teen die aand gaan gebeur. Dit was groot pret om te sien wie wen.

Ons het almal gehoop dit styg, al het die water niks vir ons beteken nie. Dit was lekker om die breë stroom te sien. Ons het daar met 'n glimlag gestaan en kyk na die bruin water wat dik was van slik. Daar was nie stompe, takke of opdrifsels nie want die oewers was kaal. Maar miskien moet ek nie sê die Nossob se water het niks vir ons beteken nie. As die rivier loop, het dit 'n mooi jaar met baie reën versinnebeeld. In sulke jare was die karakoele vet en jy kon ooilammers laat loop om die trop te ver-meerder en sodoende jou rykdom aanvul.

Ons kon nie na plase hoër teen die rivier op bel om te hoor of daar nog water aankom en ons opwinding met hulle deel nie. Daar was nie telefone nie. Elkeen moes die lekker van die Nossob wat loop maar vir homself hou.

Dit was ook in die goeie jare dat die swerms sprinkaan-voëls gekom het. Dit was baie, baie mooier om sprinkaan-voëls in plaas van aasvoëls te sien. Behalwe sprinkaanvoëls het 'n vol rivier 'n nat, geil veld met baie ruspes en allerhande insekte beteken. Daarenteen sirkel aasvoëls waar die dood op die grond lê, meestal as gevolg van lamsiek of vrektes uit die verskrompelende hand van die ewige droogtes.

Miskien sou daar meer geleenthede vir samesyn gewees het as daar meer dinge was wat pa en seuns bymekaar kon bring. Die enigste alternatief was om kwaai te wees sodat daar niks met ons plaasopvoeding verkeerd kon loop nie.

"Só wil ek dit gedoen hê!" sou my pa sê. Ons sou ons kop-pe laat sak en ons rûe krom maak.

My pa het ophou werk toe hy 45 was. Persoonlike swaarkry of inspanning of ontbering was nie meer vir hom nie. Al wat hy nog somtyds gedoen het, was om die velletjies te help ooptrek wanneer ons 'n groot klomp lammers slag. Dit wil nie sê dat hy onbetrokke was nie. Hy het die kwaliteit van elke velletjie deeglik getakseer. Hy het sy vee se kondisie met arendsoë dopgehou en die toestand van die weiding noukeurig betrag om seker te maak dat die beste veld benut word. Hy was 'n skaapboer in murg en been maar het ook belang gestel in wat by die skool gebeur. Tydens die oorlog het hy, soos ek reeds vertel het, aan die Tuisfront behoort. Daar was nie juis ander sake of organisasies waarmee hy hom kon besig hou of waarby hy kon inskakel nie.

Maar daar was tog besondere gesinsoomblikke. As dit saans so warm was, het ons almal buite op die plat sementstoepie voor die voordeur gesit.

Ons kaal voete rus in die donker op die grond en my pa sê ewe besorg: "Julle moet versigtig wees as julle iets by julle voete voel kriewel. Dit kan skerpioene wees."

Ek vou my voete onder my in. Ons sit in 'n ry op 'n ou, oorgetrekte kombers want my ma sê as 'n mens op 'n warm klip sit, kry jy aambeie.

My pa kyk deur die donker na die skaapwerf oorkant die breë, diep kalksloot waar daar kort-kort 'n skaap blêr. Ek glo nie hy het in sulke tye aan sy skape as rykdom gedink nie. Hy het nooit gespog met hoeveel skaap hy het en watter pryse hy vir sy velletjies kry nie. Maar die feit dat hy so 'n groot trop gehad het, het seker aan hom 'n soort trots gegee.

Vir heimwee, daar op die plat stoepie wanneer die westerkim verkleur en stadig in diep karmosyn op die horison sterf, was ek toe nog te klein. Maar vandag laat die herinnering daaraan my hunker na daardie stil aande op die stoepie waar ons so baie gesit het sonder om te weet hoe groot die oomblik was. Ons oë was net altyd op die sterre wat een vir uitgekom het.

My pa en ma het praat oor die wonderlike dinge wat daar in

die natuur is, soos die sterre wat skitter en wink as daar vog in die lug is. Ons kyk of die groot sterre vonkel. Ons ken nie die sterre se name nie. Ons ken net die aandster. En die môrester wat ek en Boetie elke oggend sien opkom wanneer die dag breek en ons met die donkies skool toe ry; maar dan het my pa en ma nog geslaap. Hulle praat van die reënboog as teken van die Here dat die aarde nooit weer deur reën verwoes sal word soos toe Noag die ark gebou het nie. En hulle praat oor die Nossob wat seker 'n rivier van die sondvloed was en nou net 'n droë loop is. En hulle wens dit reën weer sodat die rivier gereeld loop. Darem nie heeltemal so sterk soos met die sondvloed nie!

"En is dit nie wonderlik dat 'n put sy water altyd vars hou nie?" sê my pa. "In 'n gat of 'n kuil word dit gou sleg. Kyk hoeveel mense het putte hier langs die rivier. Sê nou net die water het sleg geword soos in 'n gat?"

"Maar die Bybel sê mos 'n put hou altyd sy water vars," antwoord my ma.

"Waar staan dit, my vrou?"

"Ek weet nie, maar my oorlede pa het dit vir ons gelees."

In die donker kan ek nie my pa se gesig sien nie, maar ek weet hy glo dit nie.

Ek kom nie agter hulle sit die hele tyd net oor water en praat nie. Ek is te klein.

En nooit het ek daardie aand kon droom dat ek eendag, lank, lank daarna self van die put in Jeremia 6:7 sou lees nie: *Soos 'n put sy water vars hou ...* Toe ek dit lees, het ek onwillekeurig gedink aan daardie gesprekke van my pa en ma. Reën, sodat daar weiding vir die karakoele kan wees en die ooie kan lam. Water! Die ewige versugting van die Kalahari. Water ... Dit is nou nog so.

Op die plat stoepie sit ons en kyk na die maan wat groot en helder oor Betsjoeanaland se duine opkom en die honde begin tjank.

"Hulle verlang na die wolwe van Rusland," sê my pa. "Dit is mos waar hulle voorgeslagte vandaan kom. Die wit yswêreld lê diep in honde se siele begrawe. Die maan wat so helder op-kom, herinner hulle aan die yswêreld."

Ons luister met ingehoue asem en kyk met groot oë in die donker na hom. En die maan maak sy vreemde gesig vir my oop. Troppe wolwe hardloop op die ysige wit maan rond!

My pa staan op, gooi 'n klip in die honde se rigting en skree: "Siejy! Loop skree op 'n ander plek! Siejy!"

Hy sê vir ons die Russe is Kommuniste. Dan is ek al klaar bang want daar is boonop wolwe by die Kommuniste.

My pa sê die Kommuniste het Rusland se tsaar en sy hele gesin en baie van sy familie doodgemaak toe hulle die land oorgeneem het. Hulle het die kerke ook gesluit.

"Hulle vat die kinders uit hulle huise weg en sit hulle in 'n plek waar hulle geleer word om nie in die Here te glo nie," sê my pa. "Hulle vloek die Here!"

Ek wonder waarom ons honde na die wolwe in Rusland verlang. Dit is dan so vér. Die geheimsinnigheid daarvan maak my nog banger. Ek skuif so effens nader aan my pa maar só dat hy dit nie agterkom nie.

Dit is dan juis nou oorlog, dink ek, die Duitsers veg teen die Russe; sê nou net die Russe kom tot hier by ons? My pa sal nie dat die Russe ons wegvat na 'n plek toe waar ons die Here moet vloek nie. Hy behoort aan die Tuisfront en hy het 'n geweer.

My pa vertel vir ons die Duitsers van die Swartrante het die karakoelskape van Spanje af laat kom. Al is dit anderkant die water weet ek waar dit is want ek het die see gesien toe ek agt jaar oud was en ons vir my ouma in die Kaap gaan kuier het. My pa het vir ons gewys waar Robbeneiland is. Dit is so ver dat die skelms en moordenaars nie daarvandaan af vasteland toe kan swem nie. Ja, ek weet presies waar anderkant die water is.

My pa sê die Russe het ook karakoelskape maar die mense kan nie vir hulle self boer nie. Die regering vat alles en die mense bly arm. Ek word banger en banger vir die Russe want sê nou hulle kom en vat ons skape? My pa het ryk geword van sy karakoelskaap. Ek weet dit want hy het 'n motorkar.

"Hulle vat die mense se koring en mielies ook," sê my pa. Maar daarvoor gee ek nie om nie want ons saai nie koring en mielies in die droë Kalahari nie. Hulle moet net nie ons skaap kom vat nie.

Karakoelvelletjies het veral gedurende die oorlog, en ook daarna, baie goeie pryse behaal. Dit het armoede in rykdom verander. En die donkiekultuur het spoedig plek gemaak vir dié van bakkies. Name soos Ford, Chevrolet, Dodge, Fargo en De Soto het in allerhande vorms en kleure by jou verbygedreun.

Die karakoel het 'n rewolusie in die Kalahari teweeg gebring wat seker deur min ander ontwikkelings op landbougebied in daardie tyd – ver buite die grense van Suidwes – geewenaar kon word. Boere het hul plase toegekamp en goeie huise is gebou. Lister-dieselenjins het die water diep uit die aarde gehaal. Kinders is weggestuur om te gaan leer. Selfs die Administrasie het die rewolusie erken want geskraapte paaie het dit vir die motors makliker gemaak en sommige van die hoë duine is gegruis sodat jy nie 'n hele dag teen 'n duin bly staan op pad Mariental toe nie … want daar het nog genoeg sand oorgebly waarin jy kon vassit en die motorkar kon verwens. Vir my en Boetie was dit baie makliker om 'n span donkies met 'n sweep oor die duin te dryf as om die motor uit te grawe, gras voor die wiele te pak en dit hygend en met 'n brandende bors oor die duin te stoot.

Later is 'n pragtige gruispad gebou en om Mariental toe te ry, was 'n droom. Nóg later is 'n teerpad wat oor Wilheben loop van Mariental af tot op Aranos gebou. Krag is aangelê, by Aranos verby langs die rivier af, en daar is vandag nie meer 'n plaas wat nie 'n telefoon het nie. Televisieskottels kom tans ook algemeen op plase voor.

In ons deel van die Kalahari, wat groot en uitgestrek was, was nie 'n enkele predikant, politikus of sakeman oor wie se doen en late jy kon praat nie. Die plase was groot en afgeleë. Daar was nie radio's en koerante nie. Telefone het nie bestaan nie. Pos was baie wisselvallig. Nuus was uiters skaars. Daar was feitlik niks om oor te praat nie. Wie wou nou praat oor bokkapaters en wit hamels waarvoor daar nie 'n mark is nie? As daar klaar na mekaar se welstand verneem is, was die geselskap toegespits op dinge uit die verlede. Maar later was hierdie stories ook holrug gery.

Die karakoelbedryf met al sy fasette het die mense geléér praat – al was dit dan ook net oor hulle bedryf – anders kon gesprekvoering in die Kalahari maklik gesterf of beperk gebly het tot iets soos die volgende:

Piet: "Jy sê dit gaan goed?"

Koot: "Ja, sê maar so."

Stilte.

Piet: "Ag, ja."

Stilte.

Koot: "Jy sê dit gaan met jou ook goed, ou Pietman?"

Piet: "H'm. Wat help dit tog om te kla?"

Koot: "Nee, maar dan is dit goed."

Die karakoel het inderdaad 'n bepaalde geselskultuur geskep wat later weer saam met die karakoel uit die Kalahari verdwyn het. Maar teen daardie tyd was telefone, radio's en televisie al deel van die daaglikse lewe.

"Hoe lyk jou skaap?" was 'n vraag vir al die seisoene.

"Kry swaar, maar hulle hou darem nog," was die antwoord as dit droog word. Of as dit reeds in die droogte was, was die versugting: "As ons nie gou reën kry nie, sal hulle bly lê."

Later bly hulle lê en die ou ooie word opgetel. Wanneer

hulle op 'n streep gevrek het, was die boere se moed gebreek. Maar dan het dit al baie geselskap ontlok oor mense wat mekaar met veld help en ander wat weggetrek het. Om voer te gee, het nie bestaan nie. Daar was nie voer in die droë Kalahari nie. En om voer uit die Unie te bestel en met 'n donkiewa oor die duine aan te karwei, was 'n onbegonne taak.

Sodra die eerste reëntjies val, was die vraag weer: "Hoe lyk jou skaap?"

"Hulle hardloop so agter die driedorings se blomme aan dat jy nie kan byhou nie maar hulle tel mooi op." Dit was 'n antwoord vol dankbaarheid.

Wanneer die veld egalig groen maar nog jonk was, was die antwoord: "Hulle vreet volbek en vat mooi bloed."

As die Kalahari vol in die veld staan, was die antwoord: "Mooi, ou buurman, mooi. Hulle sterte is rond!" Dan weet jy hulle is vet. (Die karakoel het 'n groot, ronde vet stert teenoor die lang stert van die blinkhaarafrikaner.)

Die skape se mis kon die storie selfs beter vertel. In droogte was dit harde swart bolletjies, los mis asof die diere hardlywig is. Dié mis is bestand teen son en wind en kan die vorm lank behou. Groenerige veld, gemeng met droë gras, gee sagte mis met 'n groenerige skynsel. Die bolletjies is bros wanneer dit droog word en verweer maklik. As die veld deurgaans groen is, bind die mis en val in 'n pap bol op die grond. Dan het my pa met 'n stokkie in die mis gekrap om te kyk of daar nie haarwurm of haakwurm te bespeur is nie. Knoppieswurm sit aan die diere se derms en kan net opgespoor word deur 'n skaap kopaf te sny.

Wanneer die veld geil is met baie sappige opslag, is die mis 'n groen pappery en pak dit aan die diere se hakskene en die wol onder hul sterte. Dit maak klosse wat klap as die skaap hardloop.

Nadat die diere se kondisie bespreek is, was die volgende vraag: "Wat maak jou ramme?"

"Gewaar nog niks." Of: "Hier en daar begin een woel."

'n Mens kan die blydskap waarneem as 'n boer uiteindelik ná 'n lang wag dat die diere moet vet word, kan antwoord: "Hulle speel sommer lekker!"

"Hoe lyk dit, lam die ooie?" was 'n ander vraag wat gereeld in die Kalahari gevra is.

"Nog nie," was dan die antwoord. Of: "So tik-tak." Of: "Fluks!"

En oor elke antwoord kon baie gesels word om teleurstelling of tevredenheid en die redes daarvoor uit te spreek.

"Hoe lyk jou velle?" was die vraag nadat die eerste velletjies van die seisoen op die spalke oopgetrek is.

"Mooi." Of: "Ek is baie tevrede." Dít het beteken die krultipe is reg en die kwaliteit is goed.

Maar daar was ook ander antwoorde.

"Oorgroei," indien die veld geil en die diere vet is. Dan is die hare lank en die krul los. Dit was 'n minderwaardige pels.

Of: "Baie bont lammers by swart ooie," veral aan die begin toe die karakoelbloed ingekom het. Die mark wou nie bont pelse hê nie. Dan is die ram bespreek wat die bont lammers gee, waar hy vandaan kom, hoe die spesifieke teler se ander ramme presteer en sommer nog baie ander dinge oor die ram.

"Hier en daar 'n 'nigger'," is ook baie gehoor. Dit was merino-invloed en die lam se hare was kroes en gekoek pleks van gekrul. Sulke lammers is kopaf gesny want die vel was niks werd nie en 'n mens wou nie sulke bloed onder jou skape hê nie.

Agter elke lam was 'n ramteler. Wie in die omgewing sy ramme koop, en die sukses of mislukkings wat met sulke ramme behaal is, het vir onderhoudende geselskap gesorg. Daar is na foto's van die ramme as tweedagoue lammers gekyk. Die lam se rugstrook en een sy is van naby deur die ramteler gefotografeer vir 'n duidelike beeld van die tipe krul want dít, sowel as die stamboom, was al hoe jy 'n groot ram kon beoordeel as jy by die ramtelers koop. Die finale toets het gekom by die lammers wat hy gee. Daar was ongelukkig geen landbouvoorligting wat kon aandui watter tipe ram jy by watter ooie moes bring nie. 'n Boer moes aan die pels oordeel of hy die regte ram gekoop het of nie.

Boere het graag na mekaar se velletjies gekyk om die kwaliteit daarvan te vergelyk. Velletjies is altyd twee-twee met die haarkant na mekaar toe in 'n stapel gepak. Dit is versigtig deurgeblaai en die krultipe is bespreek. Só kon die boere baie van mekaar leer.

Velkopers wat in die kontrei bedrywig is, kon ook groot gesprekke ontlok.

"Watter velkopers gewaar jy in die veld?" het jy jou buurman gevra.

"Sien nog nie juis iemand nie." Of: "Ek hoor hier is een van ou Charney aan 't rye." Dit was dan 'n verteenwoordiger van H. Charney & Co. van Mariental. Of: "Jan de Wet van Mariental het mense in die veld maar Windhoek se manne het nog nie hier uitgeslaan nie."

"Watter krul soek hulle vanjaar?" Dan kon dit growwe krul, pypkrul, fynkrul of vlakkrul wees. Of watersy. Die tipes krul is min of meer in dieselfde volgorde deur telers ontwikkel want dit was soos die modes se voorkeure vir die gesogte krultipes oor tydperke verander het. En die boere moes hul ramme dienooreenkomstig aanpas, weer eens sonder deskundige landbouvoorligting. Oorskakeling na 'n ander tipe krul het oorskakeling na nuwe ramme beteken en dit het 'n paar jaar geduur. Intussen is grys, bruin en wit pelse ook ontwikkel. Dit het besondere seleksie en geduld geverg. Swart pelse het egter deurentyd oorheers.

"Watter prys betaal die manne?" is ook dikwels gevra. En: "Verkoop jy of stuur jy weg?" Wegstuur kon wees na Hudson

Bay Co. in New York of na African Karakul Auctions in Londen. Die voordele van wegstuur en uit die hand verkoop, is bespreek. Die spekulante moes immers op dieselfde oorsese markte verkoop as waarheen jy wegstuur. Die nadeel van wegstuur was dat jy soms tot twee maande vir jou geld moes wag terwyl jy dadelik jou tjek gekry het as jy op die plaas verkoop. My pa het gereeld sy beste velle weggestuur.

Twee keer per jaar, in die lamseisoene van Desember-Januarie en Junie-Julie, het velkopers 'n maand tot ses weke rondgery om velle te koop. Hulle het nuus oor die "buitewêreld" gebring waaroor nog gepraat is lank nadat hulle weg is. Hulle kon ook vir jou sê wie die beste pelse in die kontrei teel en wie se ramme so 'n persoon gebruik.

Daar heers 'n besondere stemming op die plaas wanneer die velkoper opdaag. Afwagting. Hy gaan sê wat die kwaliteit van jou velletjies is! Soos hy stadig en met 'n kennersoog deur die stapel blaai en dit in 'n paar afsonderlike stapeltjies pak – haartipes, kwaliteit en glans wat bymekaar pas – neem die spanning toe. Hy tel elke stapeltjie noukeurig en maak sy berekeninge agterop 'n sigaretdosie. Versigtig en tydsaam. Uiteindelik gee hy vir jou 'n gemiddelde prys: £3/17/3.

As jy baie teleurgesteld is, sê jy met 'n stroewe gesig: "Nee, los maar. Ek sal wag vir 'n ander koper. Of dalk stuur ek weg."

Anders kibbel jy vir 'n ietsie meer: "Ek sal dit nie daarvoor laat gaan nie. Die velle is mos nie sleg nie."

"Ek kan ses pennies lig, maar niks meer nie," sê die velkoper ná hy weer 'n keer tussen die velletjies rondgeblaai het. "Maar dan moet ek hierdie bondeltjie laat lê. Dit is heeltemal oorgroei."

"Nee. Dit is alles of niks."

Die velkoper kyk weer, afsonderlik na elke velletjie in die bondeltjie wat hy wil laat lê. Hy vryf met die agterkant van sy hand oor die growwe krulle en skud sy kop. "Ek sal 'n skrobbering by my baas kry as ek hierdie goed daar aanbring."

Jy trek jou skouers op en maak 'n afwysende gebaar.

"Nou goed dan. Ek sal dit maar bygooi en my kommissie daarop prysgee," sê die velkoper dan konsuis tegemoetkomend. Maar die hele tyd weet hy, hy maak 'n goeie koop.

Jy knik maar net en wonder of jy regtig so 'n goeie prys gekry het. Want hoe sal jy weet? Daar was toe nog nie markberigte wat vir jou 'n aanduiding kon gee nie.

"Hoe groot is die 'parcel'?" vra die velkoper.

"Driehonderd en elf."

Die velkoper tel versigtig.

"Dit stem," sê hy ná 'n ruk, "maar jy moet die een wat sonder 'n maat is, toegooi." Met die velletjies wat twee-twee met die haarkante na mekaar toe gepak is, wil hy die een wat alleen lê as toegif hê.

"Nee. Vir wat moet ék toegooi?"

"Omdat ek hopeloos te veel betaal."

"Ja, toe nou. Maak maar so."

Die velkoper begin uitreken, hierdie keer nie op sy sigaretdosie nie maar op papier want dit is 'n lang som: 310 x £3/17/9.

My pa reken self uit om seker te maak die velkoper se som is reg. Dit is maklik om die bedrag uit te werk vir 50 hamels teen £2/10/– of £3/–/–. Maar om die bedrag uit te werk vir 310 velletjies teen £3/17/9 is heeltemal 'n ander storie. My pa kan egter goed reken, al het hy net tot by standerd drie op Calvinia skoolgegaan.

Uiteindelik skryf die velkoper die tjek uit: £1 205/2/6. Dit is baie geld, want 'n "touring car" het in daardie dae nog nie £400 gekos nie.

En só het die stories oor die karakoel en die pelsbedryf deur die Kalahari geloop. Die boere se bankrekenings wat al hoe stywer geword het, het dit lewendig gehou.

Goeie paaie en groot, groot vragmotors met sleepwaens ry die dorpers vandag tot so ver as Johannesburg en Kaapstad markte toe. En op Aranos staan groot vendusiekrale waar gereelde veilings gehou word. Die boerbok wat voorheen nie gereken is nie, behaal ook nogal goeie pryse. Maar nou is dit veredelde diere.

Dít is baie ver verwyder van die dae toe die pioniers met 'n wa en donkies of kapkar, waarmee hulle agter hul vetstertafrikaners of bastermowwe aangetrek het, hierdie weggooiland hul tuiste kom maak het. Ek is bly ek het lank genoeg gelewe om hierdie ontwikkeling en formidabele ommekeer van armoede na rykdom te sien; iets wat bewerkstellig is deur die krag, toewyding en volharding van die gebied se mense.

DIE WÊRELD HÉT VERANDER

Misdaad het feitlik nie in ons kontrei bestaan nie en die polisie het eintlik 'n rustige lewe gelei. Daar is nie by ons ingebreek en gesteel nie. Ons het in die warm somernagte buite geslaap en niemand het ooit daaraan gedink om sy geweer by sy kop neer te sit nie. Die plase was nie omhein nie. Jou huis het snags oopgestaan – ook bedags wanneer my pa in die veld en my ma in die tuin, buite sig en ver van die huis af, besig was. My ma en die Ovambo wat in die kombuis en op die werf werk, was dikwels groot dele van die dag alleen by die huis.

Vandag moet jy jou skaap van die grootpad af weghou of jy word helder oordag rot en kaal gesteel al loop jou diere agter kampdrade en die diere word met bakkies weggery.

Dit laat my dink aan die jong man en meisie wat as kinders saamgespeel het toe hulle op twee buurplase gewoon het. Die meisie was nog klein toe sy en haar ouers weggetrek het. Ná jare loop die twee mekaar weer raak en is baie bly om mekaar te sien. Soos dit maar gaan, praat hulle oor dáárdie dae.

"Die wêreld daar op ons plaas het baie verander," sê die jong man. "Onthou jy die groot gronddam?"

"Ja," antwoord sy.

"Dit is weg. Dit is nou lusernlande en daar staan 'n groot skuur met 'n paar trekkers."

"O, vooruitstrewend geword!" terg sy.

"Ja. Jy sal die wêreld daarlangs nie meer ken nie," sê hy.

"Onthou jy nog hoe ons agter daardie einste damwal in die watervoor gespeel en in die son lê en bak het om droog te word?"

"Ek onthou. Kaal! Maar jy sal die wêreld dáárlangs ook nie meer ken nie," antwoord sy met 'n ondeunde laggie.

In die kontrei waar ek grootgeword het, was daar nie menslike intriges en katastrofes nie. Ook nie juis opspraakwekkende voorvalle nie.

Met 'n enkele uitsondering weet ek nie van egskeidings of dronklappe in daardie jare nie – die naaste drank was op Stamprietfontein en niemand het kans gesien om met 'n spannetjie donkies so ver agter drank aan te ry nie. Smouse het daardie dae ook nie drank by hul voorraad gehad nie. Ek het van niemand gehoor wat sy vrou slaan nie en daar was nie probleemkinders wat van hul huise of die koshuis weggeloop het nie. Van stoutigheid wel, maar in daardie tyd was die regte medisyne streepsuiker.

Daar was nie mense met besondere byname nie buiten oom Rooi Stoffel Binneman. Nie ver van hom af nie het oom Stoffel Brand gewoon. Oom Rooi Stoffel was lank, maer en rooi. Hy het die kore vir die NG Kerk se rare geleenthede afgerig asook vir die Bo-Nossob se Dingaansfees op Hoagosgeis – almal het van Hokkieskais gepraat. Die meeste mense het lang afstande met perde- of donkiekarre al met die Nossob langs gekom om die kooroefening by te woon. Ant Katriena van Schalkwyk van oom Gieljam, daar teenaan Pretorius, het met die afrigting gehelp. Sy en Kola het 20 myl met 'n kapkar en vier donkies gery. Kola het nie gesing nie. Hy het net saam met sy ma gery.

Toe oom Wessel nog ongetroud was, het hy ook daar van Arahoab se kant af 20 myl met 'n kar en perde gery. Hy het nooit 'n kooroefening misgeloop nie. Hy en ant Katriena was dié wat die verste gery het, en hulle moes gereeld op die naaste buurplaas oorslaap.

Daar is nie 'n saal op Hokkieskais nie. Die koor oefen in die oopte onder 'n kameelboom. Ant Katriena gee die noot op 'n trompie. Die koor sing sonder enige begeleiding.

Daar is nie water op Hokkieskais nie maar vir Dingaansfees kom die mense in groot getalle van oraloor om die Gelofte aan God na te kom. Hulle bring drinkwater in roomkanne saam. Die perde en donkies suip in kuile van die Nossob, wat in daardie dae redelik gereeld afgekom het. Van lank staan in die kuile is die water sout en bitter en laat die trekdiere se mae werk. Wanneer die drinkwater opraak, gaan haal jy water op die naaste buurplaas 'n paar myl daarvandaan.

Dingaansfees op Hokkieskais is, net soos op Omra van oom Martiens Viljoen langs die Onder-Nossob, voorafgegaan deur boeresport en 'n konsert in die aand. Die meeste mense kom al die 14de en slaan hul tente onder die beste skadubome op want sowel Omra as Hokkieskais se feesterreine het pragtige groot kameelbome gehad.

Dit was nie net 'n feesgeleentheid nie maar ook 'n sosiale en familiebyeenkoms. Die groot kinders van die omgewing leer mekaar ken want die aand ná die konsert is daar volkspele op 'n bokseil. Die meeste mense het eers op die 17de vertrek want Dingaansdag is soos die Sabbat onderhou.

Daar is gewoonlik gereël vir 'n goeie spreker op die 16de en sy optrede was die hoogtepunt van die fees. Vooraf is 'n kerkdiens gehou en resitasies opgesê. My ma was altyd een van die beoordelaars.

As 'n kaalvoet Kalahari-kind het ek ewe min in daardie dae kon dink dat ek eendag ook op Hokkieskais en Omra 'n groot feesgeleentheid daar langs die Nossob sou toespreek. Ek het 'n keer in 'n ander deel van die Kalahari, na Botswana se kant toe, ook 'n Dingaansfees gaan toespreek. Dit was op Bosduin van oom Coen Coetzee. Tussen die Republiek en daardie plekke was daar enorme afstande maar ek het dit as so 'n eer beskou om daar in my kontrei as spreker op te tree dat ek elke keer die koste self gedra het.

Boetie het 'n mooi stem gehad en toe meneer De Waal op 'n dag in die sangklas by ons verbyloop en 'n rukkie agter elkeen bly staan om na sy of haar stem te luister – hy wou 'n koor vir die skoolkonsert hê – sê hy vir Boetie: "Jy het 'n mooi stem. Soos jou oom Wessel." Boetie was alte trots op die onverwagse kompliment.

Die skool het nie 'n klavier gehad nie maar meneer De Waal het darem 'n stemvurkie gehad om die noot te gee. Maar ek was buitendien vals, ek kon geen wysie hou nie.

Daar was nie kluisenaars of eksentrieke persone nie maar darem oom Koos de Klerk. Hy het naby oom Kok Binneman in die duine gebly. Hulle was so te sê bure.

Oom Koos het by elke biduur met sy kar en ses donkies aangekom en die mense skoon weggebid. Hy het so lank op sy knieë gebly dat die mense opgestaan en hul karre gaan inspan het. Dan het die gasheer uitgekom en beduie oom Koos is nog besig. Die mense het die gasheer gegroet en weggery van die steeds biddende oom Koos af. Oom Koos kon ook 'n bose gees vang en in 'n streepsak sit! Wel, so is vertel.

Op 'n keer het hy, soos hy vertel het, versigtig met 'n streepsak oor sy skouer teen die windpomp opgeklim tot by die bose gees wat in 'n swart bol bo teen die een been, net onderkant die platform van die windpomp, gehang het. Hy het hom gegryp, in die sak geprop en afgeklim. By die huis het hy hom daar voor sy mense kom uitskud. In die kontrei word egter vertel dat niemand behalwe oom Koos self die swart gees kon sien nie.

Daar was tog 'n paar prominente mense. Oom Paul Brand van Tara was so iemand. Ons het vir hom oom Pôl gesê. Hy was 'n lang, fors man en het leiding in die politiek en boeresake geneem. Maar hy het 'n klein hartjie gehad. Hy kon byvoorbeeld maklik bewoë raak wanneer 'n koor mooi sing. Oom Martiens Viljoen, die Dopper-ouderling, was 'n ander een. Hulle twee en my ma het later saam op die skool- en koshuiskomitee gedien.

Administrateur Conradie en sy geselskap het in Mei 1941 per motor van Windhoek af gereis om die skool op Arahoab te besoek. Dit was opspraakwekkend. Die Administrateur op Arahoab! Hoe sal ons sulke vername mense ontvang? Dit was omtrent 'n angskreet.

Die prinsipaal meneer De Waal het nie kans gesien dat dit by die koshuis gedoen moes word nie. Hulle het net brood gebak want koekmeel is deur die wet verbied. Die brood was egter van 'n baie swak gehalte omdat die meel vol miet was en so baie sojameel bevat het. Dit het nie gerys nie, dit was kluitjierig en dit was grys pleks van bruin. Hulle sou wel 'n middagete vir die hoë besoekers kon aanbied, ja: vleis, stampmielies en pampoen. Regte oorlogskos!

Petrol is gerantsoeneer en so skaars dat gewone mense dit slegs deur middel van koepons, wat suinig deur die magistraat toegeken is, kon bekom. Maar administrateur Conradie wou meer as 200 myl oor 'n onbegaanbare pad ry om Arahoab te besoek – dit is as 'n besondere eer beskou!

My ma, wat toe nog nie op die skool- en koshuiskomitee was nie, is genader om die hoë besoekers op Wilheben te ontvang. Sy was 'n baasbakster en het skelmpies die broodmeel met 'n oulike klein siffie uitgesif om darem altyd 'n koek te kon bak. Sy het pragtige konfyte van tamaties, vye en waatlemoen gekook en het verskillende soorte lekkergoed gemaak. Daardie dae al het sy gekerfde groenboontjies en pampoen wat in repe gesny is, drooggemaak vir skaars tye in die winter. Om van die hope droë vye nie eens te praat nie. Wanneer ons boontjies kerf vir kook, moes dit fyn wees, want sy wou nie kalkoenkos hê nie. Vir droogmaak kon ons dit darem growwer kerf.

Hoewel ek nie daar was nie kan ek my die opgewondenheid en senuagtigheid indink wat dae aaneen op Wilheben geheers het tot die groot dag aangebreek het.

Ná die ontvangs het die volgende brief, gedateer 29 Mei 1941, vir mevrou J. Kotzé op Wilheben aangekom:

Geagte Mevr. Kotzé

Namens Dr. en Mevr. Conradie en die ander lede van ons party, wil ek u van harte bedank vir u vriendelikheid en gasvryheid aan ons betoon tydens ons besoek aan u. Ek kan u verseker dat dit baie waardeer word, om nie te praat van die heerlike koek wat u ons aangebied het nie.

Groetend die Uwe,

PRIVAATSEKRETARIS.

Net aan my ma! 'n Mens sou sweer my pa was nie deel van die ontvangs nie en dat my ma 'n weduwee was. Of dalk het my pa vir die administrateur gevra om vir hulle 'n ordentlike pad te gee en toe raak die administrateur die duiwel in. Dit is waarskynlik die rede waarom hy nie self die brief onderteken het nie. 'n Brief van hierdie aard moes darem aan beide my ma en pa onder die persoonlike handtekening van die administrateur self gerig gewees het. Ek weet. Jare later was ek ook 'n privaatsekretaris.

Administrateur Conradie se besoek het niks opgelewer nie. By die skool het niks verander nie en die tweespoorpad oor die duine het nog net so gelê toe ek ná standerd ses in 1946 hoërskool toe is. Ek moet egter dadelik toegee dat dit oorlog was. Vrede met Duitsland is eers op 9 Mei 1945 gesluit. Administrateur Conradie het nie eens ingewillig dat die prinsipaal 'n swart man aanstel om die skoolterrein netjies te hou nie, so het my pa gesê. My pa was ontevrede omdat die terrein na sy mening baie onversorg en onnet was.

Ek weet nie wat my pa se reaksie was toe dié brief daar aangekom het nie maar ek is daarvan oortuig dat hy nie 'n goeie woord vir dié administrateur gehad het nie. Ek kan buitendien nie glo dat doktor Conradie daar weg is sonder 'n vet slagskaap in sy motor se bak nie. My pa was bekend daarvoor. Die prinsipaal, die sersant en die predikant is nooit daar weg sonder 'n slagding nie. Dit was die "hoë mense" wat daar gekom het. Niemand anders nie. Die magistraat, bankbestuurder en posmeester van Mariental het nooit in daardie wêreld gekom nie. Arahoab was gans te ver.

My pa het ook ruim vir die kerk gegee.

"Dit is dié dat hy so geseënd is," het ant Johanna van oom Wessel op 'n keer gesê toe sy vir my gevra het hoeveel hamels my pa vir die kerkbasaar gegee het en ek ewe onskuldig, dalk effens verwytend, geantwoord het: "Hy het die tien vetstes in die trop laat vang."

My pa was 'n moeilike man met 'n vinnige humeur maar saans ná ete hou ons huisgodsdiens by 'n lantern se flou lig. Ek en Boetie het om die beurt uit die Bybel gelees. Dan het my pa 'n gesang opgegee en voorgesing: diskant. Dit was baie mooi en hy kon goed wysie hou. My ma en ons twee seuns het saam gesing. My suster Ivy, wat met my pa se hertroue weer by ons kom woon het, was nog te klein en ons halfsuster Agnes was 'n baba. Ná huisgodsdiens het ons my ma en pa gesoen en gaan slaap. En as jy so met die soenslag jou arm om sy nek sit, kon hy partykeer met 'n sagte, warm stem sê: "Dankie, my hartjie."

AS DIE RAMME SPEEL

Daardie dae in die skool op Arahoab was daar een periode per week waarin die seuns handewerk gedoen het, nie houtwerk en sulke dinge nie want daar was nie gereedskap of 'n vertrek daarvoor nie. Dan het ons die terrein skoongehark, die paar bome met petrolblikke natgegooi en die skoolkamp se drade reggemaak as die beeste mekaar daarteen rondgestamp en dit gebreek het. Daar kon nie tuingemaak word nie want die terrein het uit harde kalkrante bestaan. Daar was ook net water vir die koshuis en die polisiestasie se gebruik en vir die diere om te suip. Die diere het party keer op die skoolterrein gemis en dit was wat my pa ontstel het.

Die meisies het naaldwerk gedoen, nie huishoudkunde nie want daar was nie bestanddele daarvoor nie en daar was net die een groot koolstoof in die kombuis waarop die koshuis se kos gekook is. Dan het hulle die lakens, kussingslope en tafeldoeke se some vasgewerk; met die hand want daar was nie naaimasjiene nie. Hulle het ook hul eie stop- en lapwerk gedoen. Daardie dae was 'n lap op die boud en oor die knie algemeen by mans – vrouens het nie langbroeke gedra nie – en dit was 'n teken van swaarkry. Vandag is 'n skeur oor die knie en 'n lap op die boud 'n modegier by kinders.

Die eerste periode elke dag was liggaamsoefeninge in die buitelug waartydens ons sommer in die sand lê en oefening doen het. Ons het nie atletiek gehad nie, die seuns het nie

105

rugby gespeel nie en die meisies nie netbal nie. Nie die skool of die ouers het vervoer gehad om ons die 120 myl na Mariental toe te neem om daar teen ander skole te gaan meeding nie. Niemand het gevoel ons mis iets nie. Die skool het buitendien nie fasiliteite vir hierdie sportsoorte gehad nie.

Op Arahoab was daar nie so iets soos nooi en kêrel in die skool nie, al was sommige kinders al 16 jaar oud. Daar was ook nie sprake van iewers om 'n hoek staan en handjies vashou of 'n entjie saam op die koshuisterrein loop nie. Dit is nooit as sodanig deur die onderwysers belet nie, dit het eenvoudig nie bestaan of ter sprake gekom nie.

Die standerdsesseuns was al rammetjie-uitnek. Op 16 is party uit die skool, of jy klaar is met standerd ses of nie. En as dit in die middel van die jaar is, maak dit nie saak nie.

Boetie was op drie weke na 16 jaar oud toe hy standerd ses toe moes gaan. Toe gaan hy uit die skool. Jol van Zyl is ook sonder standerd ses op 16 uit die skool. Daar was ander ook, die meeste standerdsesmeisies was ook om en by 16 jaar oud. Party van hulle het al mooi borsies gehad maar ons seuns het met 'n soort minagting daarna gekyk. Hulle was grootmensagtig voor hulle tyd. Daar was nooit 'n vryery nie. Die woord "seks" het toe nog net in die woordeboek bestaan. Ek het dit nooit in my laerskooldae gehoor nie. Kondome het ons nie geken nie; die naaste apteek was buitendien in Windhoek, meer as 200 myl ver.

Die Angola-kinders was in die meerderheid, en ek dink die vroomheid waarmee hulle grootgemaak is, het tog 'n groot invloed in die koshuis gehad.

Miskien het van die groter kinders wel iets geweet want hulle het ouer broers en susters gehad wat getroud was. Maar as hulle geweet het, het hulle nie daarvan gepraat nie. Daar was nooit 'n tienerswangerskap nie en niemand móés in daardie tyd in ons kontrei trou nie.

Daar was tog een standerdsesseun wat 'n soort dofheid in sy oë gekry het wanneer ons van die meisies met die groot borste as grootmensagtig voor hul tyd praat. Hy het egter nooit iets gesê nie. Hy het 'n ouboet gehad wat getroud was.

Nie een van die skoolkinders het gerook nie en ons het buitendien nie sakgeld gekry om rookgoed te koop nie. Daar was ook nie 'n winkel nie en die smouse van daardie dae het toe nog nie tot op Arahoab gekom nie. Die pad was te sleg. Buitendien was die lorrie leeg gekoop lank voor die smous Arahoab sou kon haal.

Daar was nooit diefstal in die koshuis nie. Nou ja, niemand het geld gehad wat gesteel kon word nie en geen skoolkind het 'n horlosie besit nie. Eetgoed soos biltong, beskuit en koekies was daar wel maar niemand het ooit gekla dat dit voete gekry het nie. Die onderwysers het partykeer 'n springbok present gekry. Dan het hulle die biltong saans buite gehang vir die nag se koue lug. Met dié biltong is nooit gepeuter nie.

Die jaar toe ant Johanna met oom Wessel getroud is en my ma en ant Bettie van oom Jerry baie dinge saam met haar gedoen het om haar in die familie tuis te laat voel, het ek saam met hulle vye geskil om te droog. Ons het twee-twee in die skadu van die huis langs 'n sif gesit waarop die geskilde vye oopgepak word. Ek het langs ant Bettie gesit; 'n petrolkas tussen ons met die skottel vye bo-op. Ek onthou vandag nog die surerige, soet reuk van effens oorryp vye en die stroperige sagtheid en geurigheid daarvan as dit droog is.

Tussen my ma en ant Johanna het ook 'n skottel gestaan. As jy die vy klaar geskil het, moes jy buk en rek om dit op die sif neer te sit. Hoe voller die sif hier naby jou raak, hoe verder moes jy rek om die oop plekke by te kom.

Toe ant Bettie vir my sê: "Ai, ou Billie jong, jy moet tog maar my vye ook op die sif pak want ek kan nie buk en rek nie. Ek is te dik gedrink aan die water," het ek niks daarvan gedink nie. En toe die drie vrouens begin lag, het ek nie geweet waarom nie. Hoe meer verleë ek raak, hoe meer lag hulle. Ant Bettie se eersteling Breggie is kort daarna gebore.

Toe ek die eerste keer in standerd ses agterkom dat 'n mooi bruinoognooientjie in die sangklas so by die ander verby en oor hul skouers heen na my kyk, was ek amper geskok. Ek het gekyk of juffrou Wiese dit nie straks gesien het nie. Maar toe ek 'n rukkie later met die uitstapslag halfhuiwerig en skugter naby die nooientjie verbyskuifel en die vonkel in haar pragtige bruin oë sien, het dit gevoel asof my hart sing. Dit was onvergeetlik. Dít is die naaste wat ons aan vry gekom het.

As die ramme speel, lam die ooie. Dit is al. Niemand het dit toe nog aan my verduidelik nie. Ek het maar net die ramme gesien speel.

AGAROB

Agarob was 'n man op sy eie. Halfboesman, met kenmerkende boude en boepmaag as hy lekker vol geëet was. Om sy mond het plooie gelê want op sy manier was hy vriendelik, veral met kinders. Sy tande was die kleur van twak en plek-plek stukkend van alles wat hy afgebyt het as hy nie 'n mes of tang byderhand het nie. Sy pa was 'n Nama. Op 'n manier kon hy nog die Boesmans se taal praat maar hy het nie Boesman-stories geken nie. Hy is daar langs die Nossob gebore en het tussen die wit mense grootgeword. Hy het 'n hemp en kortbroek gedra, maar nooit skoene nie. Hy was bra sku vir water.

Wanneer die rivier afkom, het hy geglo, is daar 'n groot slang wat 20 tree lank is en op en af in die water swem. Sy lyf is so dik en sy vel so skurf soos 'n jong kameelboom se stam. Sy pa het só gesê. As jy hom uitvra oor die slang, antwoord hy met 'n somber stem: "Mens praat nie oor hom nie. Hy hoor jou en dan kom haal hy jou volgende keer as hy weer saam met die water kom."

"Verdrink hy jou?"

"Nee," antwoord hy dan met sy gesig vol plooie. "Hy maak van jou ook 'n slang. Dan is jy sy kind."

Maar op 'n ander dag praat hy weer van die waterslang en sê dit het 'n wit kol voor sy kop soos oom Jerry se groot bruin hings. Hy runnik ook soos 'n perd. Maar 'n mens hoor hom net in die nag wanneer hy uitkom om te wei. En wie kon met

Agarob stry? Daar runnik baie keer 'n perd in die nag as die rivier vol is.

Die waterslang wei op die groen kweek aan weerskante van die rivier en wanneer hy lus is vir vleis, vang hy 'n ystervark tussen die bloudissels en vreet hom met penne en al op. Dit is waarom jy nie in die môre die penne daar langs die water kry nie. Maar hy is ook nie elke nag lus vir ystervarke nie. Dan wei hy maar net op die kweek.

Ek het nogal skrikkerig gevoel vir Agarob se slang wat daar in die rivier lê wanneer dit afkom en het ook nie daarvan gehou om 'n perd in die nag te hoor runnik as die rivier water het nie. Gelukkig het die rivier nie dikwels geloop nie.

Agarob het gekom en gegaan want hy het nie juis 'n besondere werf sy tuiste gemaak nie. Sy manier was om skelm bier van rosyntjiebessies en jongby te brou. As die bier reg is, raak hy weg. Eerder as om gestraf te word wanneer hy ná 'n paar dae dronk op die werf aankom, loop hy sodra die bierpot leeg is. Hy het 'n litteken wat skuins oor die linkerkantste deel van sy voorkop loop waar hy, waarskynlik in 'n dronkmansbakleiery, met 'n mes gesny is.

Wanneer hy wil loop, gee hy nie om as die boer hom nog geld skuld nie. Hy sal dit anderdag weer kry, of nie kry nie. Wat maak dit saak? Maar dan loop hy 'n hele paar plase ver en gaan soek weer 'n heenkome op 'n ander werf. Daar was nie telefone nie en daar is nie so gereeld oor en weer gekuier op die ver plase nie, dus kon niemand juis navraag doen oor sy bewegings as hy 'n stuk werk halfpad gelos en geloop het nie.

Agarob het van tyd tot tyd daar by ons uitgeslaan. Eintlik het hy Wilheben as sy blyplek beskou. Hy het nie skaap opgepas nie. In werklikheid wou my pa hom nie daarvoor gebruik nie want die stories het rondgelê dat hy 'n skaapslagter is. Uitgeslape. Jy vang hom nie. Maar jy kan seker wees jy sal skade kry as hy agter die trop is!

Nee, Agarob het sommer net die ligte werkies op die werf gedoen. Hy het koeie gemelk, vir my ma in die tuin gewerk, hout vir die kombuis gekap en die wateremmers vol gehou. Maar alles het natuurlik afgehang van watter seisoen dit is wanneer hy sy opwagting maak. Wanneer dit lamtyd was, het hy die karakoellammers help slag, die velletjies gewas en elke tweede dag 'n paar lammers in die seeppot vir die hoenders gekook. Die hoë proteïen van die vleis en die bies in hulle pensies het die hoenders sommer vinnig vet gemaak en fluks laat lê. In skeertyd het hy die loks opgetel en die wolbaal getrap.

As Agarob 'n ruk lank weg was, het hy sy tyd geken om terug te kom. Gewoonlik was dit dan reeds donker. As die honde blaf en my pa gaan buitentoe om te kyk wat aangaan, staan Agarob daar. Die honde blaf nie meer nie want hulle ken hom. Die gesprek verloop dan min of meer soos volg:

"Dis ek, Oubaas. Agarob! Naand, Oubaas."

Ná 'n ruk se stilte van my pa se kant af, sê Agarob met 'n hees stem: "Oubaas?"

"Ja, ek het jou gehoor. Ek het nie werk nie. Jy moet loop!" antwoord my pa.

"Hoe sal ek nou kan loop? Kyk waar staan die nag. 'n Mens loop mos g'n in die donker van hierdie plaas af weg nie!"

"Jy dink nie daaraan as jy die slag jou werk net so los en wegloop nie!" antwoord my pa kwaai.

"Ek het mos nou gekom om dit te kom klaarmaak."

"Ná ses maande? Loop, jou sleg ding. Ek wil jou nie weer sien nie!"

Agarob staan in die donker sodat net sy profiel in die effense lamplig sigbaar is. Hy wil mos nie op so 'n aand in my pa se oë kyk nie.

My pa haal swaar asem.

"Oubaas?"

"Ek het klaar gepraat. Loop, of ek sit die honde op jou!"

"Hulle sal my mos g'n byt nie."

My pa antwoord nie want hy weet dit is waar.

"Oubaas, is daar dan nie 'n stukkie koue vleis wat van-aand by die tafel oorgebly het nie?" vra Agarob amper on-hoorbaar. "Ek het mos die hele dag sonder kos geloop om hier te kom."

"En nou wil jy nog kos ook hê? Loop in jou swernoot!"

"Dan kan oubaas maar vir my die geld gee wat nog hier vir my op die boek staan," waag Agarob dit.

"Geld! Jy loop soos 'n sleg ding weg en dan dink jy ek moet jou betaal vir die werk wat jy verbrou het!"

"Dan kan oubaas dit maar eers hou totdat oubaas Frans weer kom."

Dit is oom Frans van Rensburg wat met sy smouslorrie tot by ons gekom het indien die smousgoed tot daar gehou het. Maar meestal was alles al so uitverkoop wanneer hy kom stil-hou dat my ma niks wil hê nie.

"Naand, Agarob," sê my ma hier skuins agter my pa. "Hier is vir jou 'n stukkie brood en vleis." Sy hou die bord vir my pa om dit aan te gee. "En sorg dat jy môre skoon gewas is as jy die wateremmers in die kombuis volmaak en hout inbring. Ek wil nie Boesman aan jou ruik nie."

"My miesies van al die miesiese! Naand, miesies," roep Agarob verheug en skuifel ook sommer so 'n halfmaspassie daar in die donker terwyl sy voete nader aan my pa sleep om by die blikbord te kom. "Hoe sal ek dan nie skoon wees nie? Ek weet mos waar is die dam."

Dit handel die herindiensstelling af.

Agarob was 'n meester met 'n slagyster. Hy het vir my en Boetie ook geleer hoe om 'n yster vir jakkalse te stel. Agarob was baie sekuur en het geen tyd en moeite ontsien wanneer hy sy slagysters gaan stel nie want sy jakkals wou hy hê. Twee op 'n keer met een slagyster elk in die kalke aan weerskante van die rivier. Dit is oor hierdie sukses met die vang van jakkalse dat my pa hom altyd weer teruggevat het.

Wanneer 'n jakkals in lamtyd snags so naby die werf kom skree dat dit voel of jy hom met 'n klip kan doodgooi, begin Agarob sommer die volgende dag al sy ding te doen vir die uitoorlê van sommer al die jakkalse op die plaas. Party keer het ek gedink hy is net so skelm soos die jakkalse en dat dit van luiheid was dat hy so tydsaam en sekuur die slagysters gestel het.

Hy staan en kyk die wêreld konsuis eers goed deur en luister hoe die wind waai sodat hy kan weet waar die wind vannag sal staan as dit dalk met sononder draai. Hy was meestal nogal reg met die wind.

Nadat hy klaar gekyk en gehoor het, hang hy die slagyster, 'n stewige ketting en twee dooie lammers aan 'n riem oor sy skouers.

Die ketting aan die yster is bedoel om 'n goeie sleepsel in die harde kalke te maak indien daar 'n wolf in die yster sou kom. Dan kan jy die spoor vat. Die wolf móét die slagyster kan sleep want as dit in die grond vasgekap is, draai hy sy poot daarin af en kom weg. Jakkalse kon nie juis so 'n yster sleep nie.

Wanneer Agarob deur die rivier gestap het en aan die voet van die oorkantste kalke kom, gooi hy die twee lammers van sy skouer af en sleep hulle met hom saam om sy spoor en die mensreuk dood te maak. Die jakkalse moet vanaand hierdie sleepsel kom uitruik en daarop na die slagyster toe begin draf sonder om agter te kom dat hy wat Agarob is daarlangs geloop het.

By die plek waar hy die yster wil stel, grawe Agarob 'n gat. Dit is net groot genoeg vir die yster met die ketting daaronder om gelyk met die grond te lê wanneer die kake oopgetrek is. Hy werk versigtig en trap nie baie rond nie. Dan sit hy 'n oopgeskeurde bruin kardoes bo-oor die yster en strooi liggies sand, fyn gras, blaartjies en enkele stokkies op die papier. Dit moet soos die veld lyk. Dan gooi hy stukkies binnegoed en bloed van 'n lam oor alles en vee sy spore met die vleis dood.

Wanneer hy klaar is, sit hy die een lam in 'n bos langs die slagyster, net hoog genoeg en buite bereik sodat 'n jakkals rondom die bos moet loop om dit by te kom. Die slagyster slaan toe sodra die jakkals daarop trap en 'n kreet van angs en pyn wat jy ver in die nag kan hoor, bars uit sy bek. Agarob het geweet watter soort skreeue die jakkalse in die nag skreeu: vir roep na mekaar, vir baasspeel op sy loopplek, vir soek na 'n wyfie of vir seerkry van die slagyster se byt aan sy poot.

Op sy pad terug loop Agarob soos hy gekom het en sleep die tweede lam saam om weer sy spore en reuk dood te vee. Aan die voet van die kalke waar die sleepsel begin, ongeveer 'n halwe myl van die huis af, gooi hy die lam oor sy skouer want hy wil nie die lam tot op die werf sleep en die jakkalse skaapkraal toe lei nie.

By die huis gooi hy die lam in 'n gat en met nog twee dooie lammers herhaal hy dieselfde proses met die tweede slagyster wat hy in die kalke aan die duskant van die rivier stel.

Daardie aand luister ons almal waar die jakkalse skree en ons kan sommer aan hul stemme hoor as hulle vir mekaar laat weet dat daar kos in die veld is. Dan gaan slaap ons met groot afwagting.

Ná die vyfde of sesde nag en so 'n stuk of ses dooie jakkalse by die twee slagysters, gee hulle pad uit die gebied waar die dood skuil en loop vang op die buurplase.

Op 'n dag, nadat Agarob so drie nagte ná mekaar nie meer jakkalse in die slagysters gekry het nie, kom oom Jerry aangery met sy kar en twee wit donkies.

"Jy moet die ysters bring en daar oorkant by my kom stel. Ons moet die jakkalse vang," sê hy vir Agarob.

Toe lag Agarob suutjies van lekkerte. Ná 'n rukkie sê hy: "Hulle is weg hier van onse plaas af. Sê dit vir my baas dat hy kan weet."

"Ja, hulle is weg omdat hulle jóú ruik," brom oom Jerry. "Ga, man! Waarom was jy nie jou klere nie? Kyk hoe lyk jy van die lammers se bloed wat jy elke dag veld toe dra."

"Hoe sal ek my kleregoed was as ek nog nie klaar is nie? Hulle raak net op van te baie was," antwoord Agarob verontwaardig.

"Kom jy met die ysters?" vra oom Jerry.

"Nee. Ek sal hulle nog eers hier stel."

"Maar jy sê dan die jakkalse is weg hier by julle."

"Miskien het hulle my gehoor en dan kom hulle terug," antwoord hy terwyl hy kastig geheimsinnig oor die rante tuur.

"Agarob, ek het nie tyd vir kinderstories nie. Bring die ysters."

"Vir wat moet ek my kleregoed loop was as ek nog nie klaar die lammers na die slagysters toe gedra het nie?" vra hy astrant.

Oom Jerry kyk hom strak aan.

"Loop haal die ysters sodat ek hulle self kan gaan stel," sê hy ná 'n rukkie.

Agarob loop brom-brom weg om die slagysters op oom Jerry se donkiekar te sit maar toe oom Jerry 'n rukkie later op sy kar klim om te ry, spring Agarob ook op.

"Ek sal maar kom," sê hy. "Ek hoor hoeka hulle skrou daar by jou." Sy gesig is konsuis strak, maar in sy kop is dit anders. Hy weet hy sal 'n daalder of so by oom Jerry kry as die jakkalse in die slagysters kom trap. Dan kan hy weer 'n bietjie suiker vir sy jongby-brousel koop.

Oom Jerry kyk skuins na hom terwyl hy die leisels op die spatbord optel.

"Hoeveel het jy hier gevang?" vra hy.

"Ek dink dit is elf," sê Agarob. En daarmee is die vrede herstel.

OVAMBO'S

Die Here ... lê die hemelkoepel se fondament
op die aarde. Hy roep die waters van die see
en giet hulle oor die aarde uit.
(Amos 9:6.)

Ovambo's het 'n wesenlike bydrae gelewer om die karakoelbedryf in die warm, droë Kalahari in stand te hou. Op menige plaas was die daaglikse versorging van hierdie kosbare diere uitsluitlik aan Ovambo-skaapwagters toevertrou. Hulle was getrou en het baie geduld gehad.

Toe ons in 1940 op Wilheben gaan woon het, het my pa met net twee Ovambo-mans op die plaas klaargekom, behalwe vir die wisselvallige tye dat Agarob daar uitgeslaan het. Agarob se kom en gaan was soos die wind wat opstaan wanneer hy wil en gaan lê terwyl jy wil hê dit moet nog waai sodat die windpomp kan draai. Jy mis hom tog baie wanneer hy weg is.

Die Ovambo's het onder 'n kontrak van 18 maande uit Ovamboland gekom. Die kontrak kon vir ses maande verleng word maar ná twee jaar moes hulle weer minstens ses maande lank teruggaan Ovamboland toe om hul familiebande te hernu. Dit was 'n baie goeie reëling.

Ek en Boetie het vakansietye gereeld om die beurt saam met die nuwe Ovambo-skaapwagters veld toe gegaan. Ons het die veld immers baie goed geken; hulle glad nie. En van skape oppas het elke nuwe Ovambo wat ons kry, niks geweet nie. Ons moes hulle leer hoe om goeie skaapwagters te word. Ons moes hulle ook van die veld en die weiding leer.

Die gras op die kalke, wat kort was, het heeltemal verskil van die gras in die duineveld. Die skaap was lief vir die kalke se gras en vir dié langs die rivier. Hulle was nie baie lief vir die rivier se brakbosse nie. Daaraan het hulle net gepeusel en gou genoeg gehad. Hulle het egter op die brakkolle langs die rivier toegesak. Dit is souterigheid wat uitslaan waar water vroeër vir lang tye gestaan het. My pa het hulle elke 14 dae of so rivier toe laat gaan om te brak. Ons diere het nooit enige veelekke gekry nie. Dit was nie beskikbaar nie.

Daardie tyd het daar hoofsaaklik blinkaar- en soetgras, so hoog soos die skape se rûe, in die duineveld gegroei. Daarby was daar 'n verskeidenheid sappige opslag wat uitstekende kos vir die skape was. Maar as gevolg van oorbeweiding het suurgras die wêreld ingeneem. Nie dat dit 'n fout is nie want die Kalahari se suurgras is uitstekende weiding wanneer dit droog is. Dit is net nie 'n meerjarige polgras nie en wanneer dit droog is, word dit maklik tot kaf vertrap wat wegwaai as die diere aanhoudend daaroor trek. Steekgras was feitlik onbekend, want die veld was nie uitgetrap nie. Klitsgras het ook voorgekom en het koeke in die skaap se wol gemaak. Dit is nie 'n algemene gras nie en die diere is nie lief daarvoor nie.

Droogte en swaarkry vir mens en dier wanneer die Kalahari in die son se hitte lê en tril, is so 'n algemene verskynsel dat jy die enkele goeie reënjare, met sy harde stortbuie wat loodreg uit die hemel val en die blitse wat tussen die groot kameeldoringbome knal en van duin tot duin weergalm, nooit vergeet nie.

In droogtetyd was my pa feitlik elke dag saam met die

Ovambo-wagters in die veld om die swak diere te help en dié wat teen die duine bly lê, op hul bene te kry. Vakansietye was dit my en Boetie se beurt. Ons oë was voortdurend in die lug op soek na 'n "wolkie so groot soos 'n man se hand". Party dae het die wolke mooi opgekom. My pa het gesê dit het iets met die eerste kwartier te doen. Ek het nie geweet wat dit beteken nie, behalwe dat dit saamhang met die maan wat groei. En my pa het gesê die maan hang skeef maar gooi nie water uit nie want die reën bly weg. Ek het dikwels in die nag na die sekelmaan gekyk wat skeef hang om die water te sien uitval en was teleurgesteld dat ek dit nooit kon sien gebeur nie.

Daar was dae dat die mooiste wolke wat die hemel kan dra by ons verbygetrek het sonder om 'n enkele druppel te stort. So asof die kosbare vrag van die hoë hemelgewelf nie op 'n dorre wêreld soos die Kalahari vermors moet word nie. Dan sit jy maar weer in stille afwagting tot die volgende dag om te sien wat die weer maak. Altyd môre …

Ant Johanna van oom Wessel kon baie mooi bid vir reën en dat die Here Hom moet ontferm oor mens en dier. Maar veral oor die redelose diere wat so ly. Die mens kan die diere versorg deur hulle te laat wei wanneer daar veld is maar nou is daar niks kos op die veld waarheen hy hulle kan vat nie. Die mens staan magteloos en wag op die genade van die Here. Hý is die een op wie ons vertrou en van wie ons afhanklik is. Só het ant Johanna gebid.

As die wolke in die namiddag weg is, die lug skoon en die son kaal en rooi ondergaan, verstaan ek dit nie. Ek kan dit nie glo nie want die skape is maer en honger en ek en die Ovambo kom, moeg van agter die swak goed aanloop, uit die veld. Ons bid dan so hard vir reën. En as my pa vir die soveelste keer in dae kyk op H. Charney & Co. se kalender wat aan 'n spyker teen die sykant van die kombuiskas hang, sê hy: "Die derde dag ná die eerste kwartier is verby." Dit was glo die afsnytyd vir reën. Daarna het dit nie sommer gereën nie. Jy kan die moedeloosheid in sy stem hoor want die kalender se aanwysing van die eerste en laaste kwartiere is so goed soos 'n Bybelse waarheid.

Wanneer die reënweer tóg kom en uit die weste opbou, was die wolkbank blou soos 'n dam wat uit die see vol geskep is. Maar as dit eers teen die middag begin opsteek met swaar wolke wat oral los ronddryf, was dit vaalbruin asof die water daarin troebel is.

Wanneer die Kalahari reën kry, kom die lewe in oorvloed want dit is 'n dankbare wêreld. Hy gee vinnig en geil. Hy maak jou dankbaar.

'n Reënbui maak die luggie wat in die Kalahari trek koel en geurig. Jy ruik dit ver. Plante wat groei en bome en bosse wat sommer gou daarna blom, maak sy asem soet.

Die Ovambo-wagters lag want die skape se pense is vol en hulle is rustig. Dan is dit nie meer nodig dat die wagters heen en weer oor die warm sand agter dwalende, honger skape aanstrompel nie. Hulle het vir hul sandale uit ou motorbande gesny. Wanneer dit koel is, dra hulle dit in een hand want dit is swaar om daarmee te loop en hulle kan nie daarmee hardloop nie. Eers as die sand begin brand, trek hulle dit aan.

Die Ovambo's het hulle in 'n vreemde wêreld bevind maar het net soos ons geleer om intens met die veld en diere saam te leef. As die diere swaarkry, het jy ook swaar gekry. Die Ovambo's was betroubare veewagters en goedgeaard teenoor ons as kinders. Hulle het saam met ons die bessies van die veld geëet en die reënvreugde gedeel.

As ek vandag die genoegdoening, opwinding en dankbaarheid beleef wat ek altyd met die natuur se ontluiking ná 'n goeie reënbui ervaar het, besef ek telkens dat ek nie die vermoë het om dit na behore te verwoord nie. Dan sê ek: "Dankie

Here, dat ek dit kon ervaar en steeds in my gees kan vashou. 'n Duisend maal duisend dankie en nog baie meer. Soveel maal as wat daar reëndruppels in 'n wolk is!"

Versamelvoëlneste het in goeie reënjare vir goeie saadbeddings onder die kameelbome gesorg. Daar het die klitsgras welig gegroei. Die voëls het die saad daar uitgemis. Die saad was 'n vinnige groeier en in die koelte van die bome, aangehelp deur die voëlmis, het dit sommer gou kniehoogte gestaan, lowergroen en geil. Dan het die skaap nie graag daar ingegaan nie omdat dit te dig en ruig is. Dit het in donkergroen kolle onder die bome bly staan tot dit ryp word. Dit was vir my lekker om op 'n snikhete dag op my rug in die klitsgras wat nog nie saad gemaak het nie te gaan lê. Dit het so dig gestaan dat dit 'n sagte mat onder jou rug maak en om jou toevou. En jy kon glad nie die Ovambo wat ook daar gelê het, sien nie.

Versamelvoëlneste bly tot 100 jaar in gebruik en kan etlike meter in deursnee word, sê die navorsers. As ek op my rug in die gras lê, kon ek die voëls sien wat by die nes kom en gaan. Party het ingevlieg om kleintjies kos te gee en die jonges het gras aangedra om verder aan die nes te bou.

Die geur van die jong, gekneusde gras onder my rug was heerlik en ek het dit met diep teue ingetrek. Al was ek 'n kind, het groen veld my in 'n besondere stemming geplaas. Daar was altyd 'n glimlag op my mond asof ek die skouspel nie kon glo nie. My oë het nooit gerus nie maar gedwaal van duin tot duin wat soos groen mure daar gelê het. Party was laag, ander hoog. Hier en daar het dooie kolle waaisand hoog teen die duine se kruine gelê, soos koepels rooi bakstene waarop die hemel rus.

Omdat ons so na aan en baie afhanklik van die natuur gelewe het, kan ek die goeie jare as die rooi sand van die Kalahari sag gereën is, nie uit my gedagtes kry nie. Maar ek onthou ook die ander jare.

Ek het my verlustig in die skape wat rustig aan die sappige veld van opslag, suring en rankgoed wei. In die veld was pap, groen mis. Ek het party keer lank daarna gestaan en kyk want dit was nou die dag nog klipharde swart bolletjies. Dan het ek vir die skape gesê: "Soetland! Julle het nie gedink julle sal ooit weer so lekker vreet nie, julle rondhollers!"

Ek onthou ook ander dinge van die Ovambo's wat by ons gewerk het. Ananias is deur die Rynse sendelinge in Ovamboland gedoop, vandaar sy Bybelse naam. Hy kon lees en skryf en het baie gou Afrikaans aangeleer. Hy het gereeld briewe Ovamboland toe geskryf en breed geglimlag wanneer die pos op Wilheben aankom en daar 'n brief vir hom was. Hy het op die werf en in die kombuis gewerk en dan per geleentheid die lang ent Vogelweide toe gestap om die pos te gaan haal.

Hy het sy tande skoon en wit gehou deur 'n sappige araboomstokkie te kou tot die punt veselrig was en dan sy tande daarmee geskuur.

Omdat hy kon lees en so gou Afrikaans aangeleer het, het my ma vir hom 'n Bybel present gegee waaruit Boetie en ek hom moes leer om in ons taal te lees. Dit het hom nie lank geneem om dit te bemeester nie.

Later was daar 'n ander Ovambo met die naam Sam wat ook kon lees en skryf. Hy het ook in die kombuis gewerk en het eintlik nog gouer as Ananias Afrikaans geleer. Hy het ook 'n Bybel by my ma gekry.

Ons Ovambo's het sonder uitsondering altyd die volle twee jaar van hul kontrak by ons gebly. 'n Paar van hulle het gevra om 'n brief saam te vat sodat hulle ná ses maande of 'n jaar weer deur die werwingskantoor in Ovamboland na ons toe teruggestuur kan word. Dit was nie altyd so maklik nie want besighede, hospitale en hotelle het voorkeur gegee aan Ovambo's wat al by blankes gewerk het.

Lank nadat Sam by ons weg is en ons al gewonder het

waarom Sam dan nie teruggekom het nie, het my ouers een nag in die hotel op Gobabis geslaap. En wie sou die volgende oggend hul koffie kamer toe bring? Niemand anders nie as Sam! Dit was 'n blye ontmoeting. Sam vertel toe vir hulle dat hy gedink het hy is op pad na hulle toe daar op Wilheben want hy het mos my pa se brief ingehandig maar toe hy hom kom kry, was hy op die trein Gobabis toe en daar was niks wat hy aan die saak kon doen nie.

Sam wou toe van alles weet: hoeveel koeie se kalwers in die kraal is want hy het elke dag die paar koeie gemelk; of die groentetuin mooi is want hy moes spit en natlei; hoe groot ek en Boetie al is; ry ons nog met die donkies skool toe; wie werk nou vir my ma in die kombuis?

"Hy het so aangehou vra oor julle," het my pa kom vertel, "dat 'n mens sou sweer hy is julle broer."

Sam het daar in die hotelkamer gesê hy kom eendag weer terug. My pa moes vir hom daar en dan weer 'n brief gee. Ons was baie bly om dit te hoor.

My pa het egter volgehou dat Sam self in Ovamboland aansoek gedoen het vir werk in 'n hotel. "Want om op Wilheben in die kombuis te gewerk het, is 'n goeie kwalifikasie. En buitendien is dit mos baie lekkerder in 'n hotel as op 'n plaas," het my pa gesê. "Hy is nie teen sy sin Gobabis toe gestuur nie. Hy sal nie terugkom nie."

Sam het nooit weer te voorskyn gekom nie. Miskien het hy tóg die lewe in 'n dorp makliker gevind as op 'n plaas in die Kalahari.

Op Wilheben het die Ovambo's nie tyd vir Agarob gehad as hy van tyd tot tyd daar uitslaan nie. Hulle het gesê hy is familie van 'n wolf. Maar hy het hulle waarskynlik skeldname genoem, het ek later besluit.

My pa het die gewoonte gehad om saans wanneer die skape uit die veld kom en in lang toue water toe loop, by die huiskampie te staan en hulle daar aan die oorkant van 'n breë sandsloot dop te hou.

Met sy voorarms gekruis op 'n dikkerige kameelboompaal staan hy sy pyp en rook. Só staan hy tot die laaste skape teen die skuinstes afsak water toe en die skaapwagter saam met die skemer daar by hom aankom. Dan wag hy dat die skaapwagter groet – dit was maar net só.

"Naand, oubaas."

"Naand, Josef," groet my pa. "Hoe gaan dit met jou skape?" Dit was die staande vraag.

"Goed, oubaas."

"Is daar niks weg nie?"

"Nee, oubaas."

"Ook niks wat siek is nie?"

"Nee, oubaas."

Dan stap die Ovambo aan om sy kos te gaan maak: mieliepap en 'n stukkie vleis.

Op 'n keer was my pa nie by die huis toe die Ovamboskaapwagter skemeraand uit die veld daar aankom nie. Voor ek of Boetie iets kon sê, groet Agarob ewe kordaat: "Naand, Josef." Terselfdertyd vra hy: "Hoe gaan dit met jou skaap?" Net soos my pa sou gedoen het.

Josef kyk hom kwaad aan. Hy sê niks.

"Is daar niks weg nie?" vra Agarob.

"Ek is nie jou kaffôr nie," antwoord Josef minagtend. "Ek skop jou gat!" En hy skop met mening na Agarob maar dié was iets te wagte en spring net betyds weg.

Ek het die relletjie tussen die Halfboesman en die Ovambo altyd onthou want ons het nooit van 'n "kaffer" gepraat nie. Dit was 'n Herero, 'n Nama of 'n Ovambo. Daar was wel Klipkaffers of Bergdamaras van die Kaokoveld maar hulle het nie eintlik in ons kontrei gekom nie en dit het 'n vergete naam geword. Waar sou Josef daaraan gekom het dat hy nie 'n "kaffôr" is nie? het ek later gewonder. En toe besef dat Agarob waarskynlik só na die Ovambo's verwys het die kere dat hulle vir hom gesê het hy is familie van die wolf.

Wanneer ons sononder moeg en dors by die huis aankom, het ons en die Ovambo-skaapwagters saam in die gronddam geswem. Kaal. Jy het voorlangs maar 'n bietjie toegehou tot jy in die water is. Die Ovambo's was darem al groot manne.

Baie jare later het ek eers besef wat 'n geweldige bydrae die Ovambo-skaapwagters tot die karakoelbedryf in die Kalahari en elders gemaak het want hulle het oor 'n tydperk van ongeveer 30 jaar daar ver uit Ovamboland gekom om Wilheben se kosbare karakoelkuddes op te pas.

My herinneringe aan ons Ovambo-skaapwagters is mooi. Die veld was ons loopplek; nie as skaapwagters nie maar as kamerade.

KÁIA

Ons het twee basterwindhonde en 'n brak met die naam Kaipo gehad. Kaipo beteken "niks" in een van die Ovambo-dialekte. Die Ovambo's het hom die naam gegee omdat hy, toe ons hom gekry het, so klein was dat hy na niks gelyk het nie. Hy het ook nie baie groot geword nie. Byna te klein vir die Kalahari wat baie krag uit 'n hond getap het maar darem amper so groot soos 'n foksterriër. Hy was egter van onbekende herkoms. Sy lyf was bont, sy kop blougrys sonder 'n enkele vlek en sy kake en tande was sterk. Dit het gelyk of sy kop te groot vir sy lyf was. Hy was egter 'n baasbakleier. Waar hy vasgebyt het, het hy nie gelos nie.

Kaipo was nie my brak nie. Hy was die plaas s'n. Maar daar was tog 'n besondere band tussen ons twee. Hy het altyd sy nat tong oor my wang gesleep as ek iewers in die skadu van 'n boom sit. Dit maak nie saak wie nog daar rond sit nie; hy het my uitgesoek. Ek het hom 'n troetelnaampie gegee: Káia, wat dikwels as 'n soort afkorting van *kaipo* gebruik is.

Hy het een swakheid gehad. As die maan groot oor die Kalahari opkom, het hy allertreurigs sit en tjank. Dit was die kere dat die ander twee plaashonde begin saamtjank en my pa van die voorstoepie af op hulle geskreeu het.

In die maanligskemer het Káia dan daar ver eenkant gaan sit. Hy het na die maan bly kyk maar nie weer getjank nie. Hy was gehoorsaam aan sy baas wat gesê het hy mag nie tjank nie. Dan was ek jammer vir hom want my pa was ook met ons kwaai.

In teenstelling met sy voorkoms en naam het Káia 'n groot hart gehad. Dit was nie nodig om hom aan te por om agter 'n jakkalsmannetjie of 'n uitgegroeide groukat aan in 'n gat te kruip nie. Jy hoor hom daarbinne baklei. En as die jakkals nie gou genoeg uitkom nie, byt hy hom dood. Dan kom hy uit met 'n hap uit sy oor, 'n gat in sy lip en ander bytplekke aan sy lyf. Met 'n tong wat amper op die grond hang en 'n asem wat jaag, kom hy voor jou staan. Eers wanneer jy afbuk, sy kop streel en sê: "Kaipo, jy is 'n groot en sterk hond," stap hy stram weg en gaan lê met sy kop op sy bene eenkant. "Kaipo" het hom darem groter laat klink as "Káia" en dit was al asof hy dit besef het en by tye "Kaipo" wóú wees en nie "Káia" nie.

Hy was baie intelligent. Hy het geweet dit was óns taak om te sorg dat daar geen gevaar naby die skape kom nie.

As dit op die middag so warm is dat jy nie met jou kaal voete oor die rooi Kalahari-sand kan loop nie, rus die skape in klompies onder die groot kameeldoringbome. Dan gaan lê ons ook in die skaduwee; ek aan die een kant van die uitgespreide trop en Káia by my, die Ovambo aan die ander kant met die twee groot honde by hom.

'n Goeie hond in die Kalahari is 'n aanwins maar 'n hond as vriend is kosbaar. Sodra ek my op my rug in die koelte uitstrek, kom lê Káia met sy kop net bokant my enkel, doodstil asof hy slaap. Maar as ek roer, selfs net my hand, lig hy sy kop en kyk rond of hy nie iets gewaar nie. As hy tevrede is dat daar niks is nie, laat hy weer sy kop op my enkel sak. Sodra ek hard begin asemhaal asof ek slaap, voel ek sy kop roer. As ek nie reageer nie, roer sy lyf. Om hom tevrede te stel, lig ek dan my elmboog en kyk rond. Wanneer ek ná 'n rukkie terugsak op my rug, laat hy weer sy kop op my enkel rus.

Dit was asof Káia verantwoordelikheid aanvaar het dat ons

wakker bly. Ons moes sáám waaksaam bly. Nie hy alleen nie. G'n geslapery nie!

Wanneer die skaduwees in die middag begin aanskuif en die Ovambo 'n paar skril fluite aan die ander kant van die trop gee, spring Káia op en gee enkele kort blaffies terwyl hy 'n paar skynstormlope in die rigting van die skape uitvoer. Hy is altyd verskriklik bly dat ons wagstanery verby is.

Een vakansie pas ek saam met Josef skaap op. Toe ons op 'n keer agter die skape aan oor 'n duin gaan, spring 'n steenbok agter 'n bos uit. Ons was onderkant die wind daarom kon hy ons nie betyds ruik nie.

Josef het die kort, stewige knopkierie in sy hand en laat dit agter die steenbok aan woer-woer. Soos die geluk, of die ongeluk, dit wil hê, gooi hy die steenbok – beskermde wild – se voorbeen af.

Die honde is dadelik "tjou … tjou … tjou …" agterna, met Káia heel agter. Die steenbok kruip in 'n groterige erdvarkgat; iets wat 'n steenbok nie sommer doen nie. Maar hierdie een se been is af en die honde is teenaan hom. Káia is dadelik agterna en ons hoor hom in die gat woel. Toe hy ná 'n ruk met bloed aan sy bek uitkom, weet ons hy het die steenbok doodgebyt. Josef het op sy maag teen die skuins erdvarkgat afgegly en die steenbok gaan uithaal.

'n Steenbok het lekker sagte vleis en maak 'n geurige wildspastei, maar ek het besef ons kan dié een nie huis toe vat nie want my pa het dit nie geduld dat die honde agter wild aanhardloop nie. Allermins agter kroonwild soos steenbokke, duikers en elande aan. Ons wou die bokkie ook nie onder die honde verdeel nie want my pa het geglo as honde rou wildsvleis kry, veral in die veld, jaag hulle elke wildsbok wat hulle sien en is hulle nou-nou skaapvangers. Ons slag toe die bokkie af om 'n goeie stuk daarvan te braai want hy was nogal vet. Nie dat ons vleishonger gehad het nie want by die huis was vleis volop.

Dit was sommer vir die avontuur, al het ons nie eens sout ge-had nie. Die geur van kameelhoutvuur en braaivleis het rond-om ons gehang tot ons klaar geëet en ons hande aan die blink-aargras se wit pluimsaad afgevee het. Toe het ons sand oor die kole gekrap.

Ons het die res van die bokkie in die skadu van 'n kameel-boom se takke opgehang waar die aasvoëls dit nie sou sien nie. Die volgende dag het ek 'n bietjie sout saamgebring en ons het nog 'n stuk van die steenbok gebraai. Die res het ons verbrand want ons het geweet dit sou ná twee dae se hitte nie langer goed bly nie.

Nie lank daarna nie, pik 'n pofadder onverwags vir Káia net onder sy oor. Met ontblote slagtande en hare wat op sy nek orent staan, grom Káia vir die slang. Hy is onbevrees en wil die sissende reptiel aanval. Ek is byna rasend van angs.

"Nee! Káia! Káia, los! Josef, slaan vrek die slang!" skree ek in dieselfde asem.

Terwyl ek my arm om Káia se nek sit om te kyk waar die slang hom gebyt het, slaan Josef die reptiel met sy kierie dood. Hy druk die pofadder se kop in die grond terwyl die slang sy dik lyf om die kierie probeer wriemel.

Ek is bewend van skok terwyl Káia sulke fyn tjankies gee en my gesig aanhou lek asof hy weet iets verskrikliks het ge-beur. Hy piepie senuagtig en dit loop teen my arm af. Hy kyk my met ekskuus-oë aan, asof hy skaam is daaroor.

"Toe maar, Kaipo," sê ek. "Dit is niks."

Hy lek my weer in die gesig en ek voel sy hart onder my arm klop. Skielik voel dit vir my asof hy die een is wat ek die liefste op aarde het. Hy lek en soen my soos een wat wil sê: "Ek is baie lief vir jou!" Ek voel my hart benoud in my bors klop.

"Moenie doodgaan nie, Kaipo. Ek is ook baie lief vir jou."

Hy lek die trane van my wange af. Ek weet nie hoe die

trane so vinnig in my oë opgestoot het nie want ek is meer geskok as aangedaan.

Voorheen het 'n slang ook een van ons honde gebyt en my pa het 'n snytjie op elke tandmerk gemaak en "konnies kristels" in die wond gevryf. Die hond was baie siek en styf maar het gesond geword. Ek weet nie of dit regtig die "konnies kristels" was nie. Miskien was hy maar net skrams gebyt maar daardie tyd het ek geglo dit was die "konnies kristels" wat hom gered het.

Maar nou is ons ver in die veld en dit is nog nie middag nie. Die aand lê ver. Ek is radeloos van angs. Josef staan angstig by my en skud net sy kop aanhoudend. Hy weet ook nie wat om te doen nie. Ek hou maar net vir Káia vas en praat sag met hom. Hy bewe en begin kwyl.

Ons het gewoonlik 'n kannetjie water by ons gehad maar die honde het nooit daarvan gekry nie. Hulle moes saans by die huis weer gaan drink. In die warm dae kon ons skaars met die water uitkom. Maar ek hou my hande bak en sê Josef moet 'n dun straaltjie gooi sodat Káia kan drink.

Hy wil nie drink nie. Die water is vermors.

Ons kan nie heeldag by die hond bly sit nie, besef ek. Die skaap loop. Dit was 'n droë jaar. Die trop het vinnig getrek.

"Ons moet loop," sê ek vir Josef.

Ek wil vir Káia dra. Maar hy raak senuagtig en spartel geweldig. Toe ek hom neersit, loop hy stram na 'n bos toe en gaan lê in die skadu. Ek kniel by hom hou sy kop in my hande. Hy kyk my met hartseer oë aan. Dit voel vir my hy weet ons sal nie weer saam oor die rooi sand hardloop nie. Ek wil nie hê Josef moet sien ek huil nie.

Ek draai my kop weg en sê: "Loop solank. Ek kom."

"Ek vat vir hom," bied Josef aan.

"Hy wil nie gedra wees nie," antwoord ek met my oë op die grond.

Josef weet ek huil. Toe roep hy die ander honde en loop.

Hy was nie ver weg nie, toe sê ek weer: "Kaipo, jy moenie doodgaan nie." Toe knyp ek my oë styf toe en bid hardop: "Moenie dat Káia doodgaan nie. Asseblief, liewe Jesus." Ek vryf oor Káia se harige lyf. "Kaipo, jy moet hou tot ons vanaand by die "konnies kristels" kom. Dan sal my pa jou gesond dokter."

Káia se stompstert roer effens.

Ek sit lank daar by hom en sien hoe die laaste skape oor die duin gaan. Toe Josef ná 'n rukkie ook oor die duin gaan, kyk hy vir oulaas om. Ek wys hy moet aangaan. Hy waai terug.

Die plek waar die slang vir Káia gebyt het, begin swel. Sy kop swel ook en sy oë is dik.

Ek stoot hom dieper die bos se karige skaduwee in sodat die son hom nie moet brand nie. Hy tel nie meer sy kop op nie. Ek self sit in die son en voel die hitte op my rug.

Ná 'n lang ruk tel ek Káia op. Hy spartel nie meer nie. Ek begin met hom in my arms aanstap en voel sy lyf ruk.

"Káia, ek sal jou mooi dra," sê ek naby sy oor.

Káia maak sy geswelde oë vir 'n klein rukkie oop. Ek kan sien hy wil sy kop optel om in my gesig te lek maar hy kan nie. Sy kop is dik geswel en lyk buitengewoon groot.

"Toemaar, Káia," sê ek. "Lê maar stil. Ek sal jou dra, my honne."

Ek vat kortpad in die rigting wat die skaap getrek het. Die sand brand my voete en kort-kort soek ek die skadu onder 'n boom op. Maar ek los nie vir Káia nie want dit voel asof hy gemaklik in my arms lê; of hy vir oulaas só wil lê.

Ná 'n paar duine oor die warm sand voel dit asof ek blase onder my voete het. My arms is moeg en Káia se lyf ruk baie. Ek sit hom neer. Dit lyk asof hy nie meer omgee om op die grond te lê nie. Sy kop is heeltemal te groot vir sy lyf en sy oë is toegeswel. Hy lyk misvorm en kan nie meer sy kakebene of tong roer nie. Ek kan sien Káia gaan nie sy geveg teen die pofadder se gif wen nie. Die trane brand in my oë en drup stadig oor my wange.

Ek sit Káia daardie middag 'n hele paar keer op die spore van die skaaptrop neer. Die sand is later nie meer so warm nie.

Toe ek hom weer 'n keer wil optel, sien ek hy is dood.

Ek huil nie meer nie. Daar is nie meer trane nie, my keel is droog en my tong dik. Die bietjie water wat in die kannetjie oor was, is by Josef.

Ek gooi Káia in 'n erdvarkgat daar naby toe. Toe sleep ek 'n paar stompe nader en sit dit bo-oor die gat sodat die wolwe nie hier moet kom grawe nie.

"Ek sal jou baie mis, Kaia. En ek sal altyd hierlangs loop om te kyk of die goeters jou nie oopgrawe nie." Toe vat ek die koers wat die skaaptrop ingeslaan het.

Hoewel ek hartseer is, is ek tog in 'n mate bly. Káia sou nie op 'n dag sommer net wou wegraak en nie terugkom nie; soos dikwels met honde gebeur wat agter jakkalse in gate aankruip. Hy sou wou hê ek moet hom dra tot hy dood is en hom dan begrawe want hy was lief vir my. En die Kalahari is die regte graf vir hom want hy was 'n hond van die veld.

Toe ek van die erdvarkgat af wegstap, is my gemoed vol vrae: "Waarom, Here? Hoekom het U die slang daar gesit om vir Káia te byt? Ek het gebid dat hy nie moet doodgaan nie maar U het my nie gehoor nie! Wat het Káia verkeerd gedoen? Ek was lief vir hom."

Josef staan my en dophou toe ek na hom toe aangestap kom. Sy gesig is stroef.

Ons praat nie maar ek kan sien hy is jammer vir my. Ons draai ons gesigte weg en kyk elkeen sy eie rigting na die skaap wat aan 't trek is.

Ek kan nie verstaan waarom die Here nie hoor as ek bid nie. Ek het dan gebid dat Káia nie moet doodgaan nie. En kyk hoe droog is dit! Is ek dalk nog te klein om te bid dat 'n hond nie moet doodgaan nie en dat dit moet reën? Hier hardloop ek en Josef agter maer skape aan in 'n groot veld sonder kos en Káia is dood! Die Bybel sê die Here is lief vir kindertjies en hulle moenie verhinder word om na Hom toe te kom nie, maar dit sê nie kinders moet bid nie. Waarom laat my ma ons dan elke aand voor die bed kniel om te bid? Is die gebiddery nie sommer net bog nie, waarom kom kniel my pa nooit saam met ons voor die bed nie? Dit is net altyd my ma. My pa is nie 'n man wat hom met bog ophou nie. Ek het gehoor ant Johanna van oom Wessel sê so. En sy het baie respek vir my pa.

Waarom wil die Here nie partykeer by die hemel se voordeur uitkom sodat 'n mens Hom kan sien nie? Ek wil Hom graag sien! Ek wil kyk of Hy regtig so waffers is dat Hy reën kan gee. Hy kon dan nie eens vir Káia gesond maak nie. Dit is mos 'n kleinigheid teen reën gee.

Ek bly baie verward terwyl ons agter die skaap aanstap.

Káia gaan nie uit my gedagtes weg nie. Sy kop was amper twee keer groter as normaal toe ek hom begrawe het. Hy het mismaak gelyk en die slym het in lang drade uit sy bek gehang. Hy het baie swaar gekry en lank gevat om dood te gaan. Afgesien daarvan dat sy kop van die begin af te groot vir sy lyf gelyk het, was hy 'n mooi hondjie. Vir my altans. Maar die laaste gesig van hom verdring alles.

Ek wil nie maar ek kan nie anders nie: Dit is hoe ek hom onthou.

VELDSKOOL

O mdat ons elke skooldag met die donkies skool toe gery het, was donkiery oor naweke en vakansies nie meer vir ons pret of avontuur nie. Behalwe as ons 'n jong donkie wat spring, kon ry. Nié dat ons veel tyd vir pret en avontuur gehad het nie, behalwe as ons onder my pa se oë uit, agter die lammerooie aan of saam met die Ovambo by die groot trop is. Dan hardloop jy saam met die honde agter jakkalse en hase aan. Of jy lê sommer net op die middag onder 'n groot boom as die sand te warm is om kaalvoet te loop en die skaap ook onder die kameelbome rus. Jy kyk op na die groen takke bokant jou. Jy voel die lou lug op jou gesig, al lê jy in die skadu. 'n Wit wolkie wat teen die blou lug bly sit, laat jou hoop op reën, maar later verdwyn dit asof dit nooit daar was nie. En jou oë soek teleurgesteld deur die wye blou lug na nog 'n wolkie.

Die enkele aasvoël wat hoog op die lugstroom verbysweef, sê vir jou iets van die dood, al is dit 'n dier waarop hy afpyl. Jy frons en wonder wat hy sien. Dalk een van die trop wat af-gedwaal het? Die onrus bly in jou tot die aasvoël die gesigs-einder oorgesteek het en in die groot ruimtes verdwyn. Veel verder as wat die skaap vandag gaan draai het.

Jy hoor die swartborskorhaan wat opvlieg en van 'n ef-fense hoogtetjie af met sy skor maar deurdringende gekras die hele veld waarsku dat daar gevaar in die omgewing is. Dalk is dit 'n jakkals. Jy staan op, kyk rond en spoor die honde aan. Hulle spring op …

Party keer vang ons 'n mier en dwing hom die mierleeu se vanghok in sodat ons die stryd om oorlewing kan dophou. Almal en alles, selfs 'n insek, vrees die dood en probeer dit ontvlug.

'n Mierleeu is 'n insek met twee paar vlerke. Die larwe grawe 'n tregtertjie in die grond om sy prooi te vang. Die larwe is maar sowat ses millimeter lank en sy kop met die twee yslike knypers lyk heeltemal te groot vir sy lyf.

Die tregter wat tot een duim in deursnee en meer as een en 'n half duim diep kan wees, is op sigself 'n ingenieursprestasie. Die fyn sandjies teen die tregter se wand is so fyn gebalanseer dat nie eens 'n mier daarteen kan uitklim nie. Die sandjies gly onder hom uit en hy skuif al hoe laer af na die bodem van die tregter waar die mierleeu onder 'n dun lagie fyn sand skuil en vir sy prooi wag, byna soos 'n krokodil in 'n poel water. Daar sleep hy sy prooi onder die sand in.

Dit lyk amper nie moontlik dat so 'n klein insek so 'n reusetregter kan grawe nie. En hoe hy dit regkry om die fynste van fyn sandkorreltjies uit te sif en dit boonop teen die wande te laat balanseer, bly 'n raaisel want as 'n mier daarop loop, tuimel dit in en hy stort na benede.

'n Ander verskynsel waaraan ons ons verwonder het, was die valkies wat op 'n stil dag sowat 30 voet bokant die grond botstil aan hul vlerke hang. Geen ander voël wat ons geken het, kon 'n valkie dit nadoen nie. Hul oë is so skerp dat hulle 'n insek op die grond kan sien loop. Insekte en klein reptiele het 'n belangrike deel van hul daaglikse voedsel gevorm. Ons het geweet wat 'n valkie jag wanneer hy so stil daar in die lug hang. As hy skielik afduik, is dit 'n akkedis of koggelmander. Dan gryp hy dit in een van sy kloue vas en vlieg weg om dit iewers te gaan vreet. As dit 'n insek is, gaan sit hy op die grond, tel dit met sy snawel op en sluk dit in.

Ons het gehoor hoe 'n agterdogtige springbokram 'n waarskuwing deur sy neus fluit wanneer jy die troppie bokke bekruip. Die blouwildebeeste het gesteun asof hulle oorvreet is wanneer hulle by jou verbyhardloop. Ons het saam met die patryse geleef en geluister na hul vlugroep van "kelkiewyn ... kelkiewyn" as hulle twee-twee en vier-vier by mekaar aansluit om groot swerms te vorm wat met suisende vlerke wegvlieg water toe. Wanneer hulle onder die Kalahari-son terugkom, is hulle weer twee-twee en dra hulle water in hul borsvere saam om hul kleintjies in hul warm sandneste te kom laaf. Só word gesê.

Ek het baie keer gesien hoe mossies, spekvretertjies en swaeltjies kos vir hul kleintjies aandra. Ek het gesien hoe duiwe hul kleintjies voer. Ek het dikwels patryseiers en kleintjies in hul warm sandneste teëgekom. Hoewel daar letterlik duisende kelkiewyne en sandpatryse in die veld was waar ons skaap opgepas het, het ek egter nooit gesien hoe hulle hul kleintjies voed nie. Hulle is baie waaksaam by die nes. By die geringste teken van gevaar gee hulle koes-koes pad en smelt saam met die sand. Ek het ook nog nie in enige voëlboek 'n foto gesien van patryse wat hul kleintjies voer nie.

Al het ek toe nie veel daarvan verstaan nie, was jong rysmiere wat uit hul nes vlieg vir my net so 'n interessante en fassinerende natuurverskynsel. Ná 'n reënbui vlieg hulle kort voor sononder uit hul nes. Hulle vlieg nie in die warm strale van die son uit die nes nie, want die jong rysmier se liggaam is fyngevoelig omdat dit uit die beskutting van donker gange onder die lou aarde kom. Natuurlike vyande soos voëls is teen sononder meestal by hul slaapplekke, en die vlermuise is nog nie juis aan 't vlieg nie. Hulle kom eers met skemer uit. Dit is die eerste keer in die rysmiere se lewe dat hulle bo-op die grond kom; hoe weet hulle al hierdie dinge? het ek gewonder.

Maar wat my die meeste geïnteresseer het, was die feit dat 'n rysmier, in verhouding tot sy liggaam, sy vlerke met groot krag moet swaai om te kan vlieg. Die krag van die beweging en die gewig van sy liggaam laat nie die vlerke afval nie maar sodra hy gaan sit, gooi hy sy vlerke met 'n byna onopsigtelike beweging af. Dit is asof hy dit eenvoudig afhaak en wegstap. Party vlieg lang afstande. Ander vlieg slegs 'n paar voet en kan dan hul vlerke net so maklik afgooi as dié wat 'n kwartmyl gevlieg het. Hoe werk dit? het ek gewonder.

'n Jong rysmier se liggaam bevat baie vet. As hy uit die nes gevlieg het, moet hy 'n hele paar dae lank oorleef. Heel eerste moet hy 'n maat kry en dan 'n gaatjie in die grond maak vir skuiling teen sy natuurlike vyande soos geitjies en bakoorjakkalse wat rysmiere sommer oplek waar hulle teëgekom word. As hy 'n maat gevind het, is dit die begin van 'n nuwe nes. Die twee miere werk dwarsdeur die nag en 'n paar nagte daarna ook voor hulle aan kos kan dink. Hulle teer op hul liggaamsvet.

My pa het vas geglo vlieënde rysmiere beteken 'n goeie jaar want die rysmierkoningin sal nie haar kinders wat twee of drie jaar lank op die reën gewag het, sommer uit die nes wegstuur as hulle nie 'n goeie kans op oorlewing het nie.

Baie jare later het ek eers regtig besef hoe fyn die natuur gebalanseer is. Rysmiere wat op presies die regte tyd volwasse en gereed is om die nes te verlaat as die reën val! Dit is 'n goed gesinchroniseerde proses. As die rysmiere daar onder in die nes hul larwes vet voer en tot volwassenheid bring en dit reën nie, sal dit 'n vrugtelose poging wees en kosbare voedsel en energie sal vermors word. As dit reën en die jong miere is nie gereed om uit te vlieg nie, kan 'n nuwe geslag rysmiere tot niet gaan. Alles moet daar in die donker ondergrondse gange feitlik op die uur reg verloop. En die hele tyd is alles daarop gerig om die lewe voort te sit, al is die wese net 'n mier. Ek het geweet dat dit deur 'n magtige God beskik is om só te wees. As ons hoenders vir Kersfees vet wou voer, het ons geweet ons moes minstens drie weke voor die tyd begin, maar hoe weet die rysmiere wanneer om die larwes te begin voer? Onder in die nes is dit vir ewig nag. Hoe weet hulle wanneer is dit feitlik sononder en tyd om uit te vlieg?

My pa was reg want in goeie jare wanneer die nuwe geslag rysmiere saans teen sononder uit hul neste vlieg, het ons baie keer gesien hoe die springbokooie in die groen strate van die Kalahari lam en die gemsbokke kalf. En elandbulle daag mekaar uit vir die guns van bronstige, vet koeie. Om te weet of dit 'n goeie jaar gaan wees, het ons na die diere gekyk.

In die veldskool van die Kalahari het ons winter en somer, in droogte en in geil jare, gevoel hoe die ritme van die natuur pols en geleer om in harmonie met hom saam te leef.

DIE BREËWIELFIETS

Oom Jerry het 'n breëwielfiets gehad. 'n Hercules. Jy kon nie met 'n smalwielfiets in die sand oor die weg kom nie. Die wiele sny te diep in die sand in. Jy trap jou morsdood om deur die sand te kom, en sommer gou breek die ketting of jy trap 'n pedaal af. En waar kry jy in daardie wêreld 'n ander een? Selfs ou Charney op Mariental, waar jy die fiets gekoop het, hou nie 'n enkele onderdeel aan nie. Boonop was dit oorlog.

Oom Jerry het nie omgegee dat ons daar op Cleopatra op sy fiets kom ry nie. Hy het ons eintlik aangemoedig en het ons dikwels oorgenooi om te kom fietsry. Hy en ant Bettie het toe nog nie kinders gehad nie.

As oom Jerry die dag nie glimlag nie, moet jy weet hy is siek. Ant Bettie, daarenteen, het 'n vinnige geaardheid gehad, en sommer nou-nou dreig sy om die Ovambo met die sambok by te dam as hy iets nie na haar sin doen nie.

Aan die begin het oom Jerry self die fiets gestoot en vir Boetie bo-op vasgehou. Ek was nog te lig in die broek daarvoor. En so het hy aangehou tot Boetie hom op die fiets kon balanseer. Selfs toe Boetie al sulke klein entjies kon ry, swaai-swaai en val-val, het oom Jerry met lang treë saamgeloop om te sorg dat hy nie seerkry nie. Die keer as hy wel val, was dit groot pret.

Oom Jerry was 'n kindervriend en ons het baie graag by hom en ant Bettie gaan kuier. Hy het die meeste van die tyd ook ons hare gesny. Gewoonlik stomp. Met die handknipper. Dan het hy met ons geraas as ons koppe vol sand was.

"Die sand sal die knipper se tande breek. Was julle dan nooit julle hare nie?"

"Ons swem dan elke dag, oom," sê Boetie maar nie op 'n manier wat klink soos stry nie.

"Swem is nie was nie. Dit is net om af te koel," antwoord oom Jerry. "Julle moet seep gebruik en julle kopvelle blink was."

"My ma gee vir ons net boerseep," sê Boetie asof dit die rede is waarom sy kopvel vol sand is.

"Nou ja, wat is fout daarmee?" wil oom Jerry weet. "Ek was ook met boerseep."

My pa het nie altyd genoeë geneem nie as oom Jerry met sy fiets daar by ons aankom en oor die koffie vra: "Nou toe, wie se beurt is dit om vannag by ons te kom slaap?"

"Hulle kan nie aanhou hulle gatte skuur nie. Hier is werk om te doen," sê my pa dan.

"Ag nee, oom. Watse werk is hier sodanig wat nie kan wag tot môre nie? Kom, ou Billie. Kom klim op," antwoord hy met sy kenmerkende laggie. Dan laai hy my op die dwarspyp, net agter die handvatsels, en ry met my weg.

My pa het nie maklik vir oom Jerry teëgegaan nie. Hy het 'n goeie geaardheid gehad en was baie behulpsaam. My pa kon amper nie sonder hom klaarkom nie. As die windpomp breek, kom help hy om die pype uit te trek. As 'n skaap siek is, moet hy kom kyk. En as die skaap doodgaan, sny oom Jerry hom oop en kyk na sy binnegoed. Gewoonlik weet hy wat die oorsaak kan wees, want dit kan gif in die veld wees of wurms – haar-, haak- of knoppieswurm. Daar was nie baie gifplante nie. Party keer is die skape ook aan geilsiekte dood as die veld jonk is en aan 't verlep gaan omdat die opvolgreën wegbly. My pa het lamsiek darem geken. Dit was 'n kwaai siekte waaraan baie van ons diere gevrek het. Hulle het dit gekry van ou bene wat in die veld rondgelê het. Veral volstruisbene was baie giftig.

Ek vat niks saam wanneer oom Jerry daar van die huis af met my wegry nie. Ons het nie aldag tande geborsel nie, en vannag slaap ek sommer in my klere op die vloer daar voor sy en ant Bettie se bed. Môre, nadat ek 'n paar draaie met die fiets gery en ons eers met die rek patryse by die krip geskiet het, stap ek die een myl terug huis toe. Ek dra vyf of ses patryse met my saam. Ons was almal baie lief daarvoor en my ma het dit baie lekker gaargemaak. My ma was uitermate bly wanneer ek met die patryse daar aankom en het dit gesê. Dit versag my pa se gramskap oor my "leeglêery daar oorkant".

Daar aan die begin toe ons geleer het hoe om te ry, was my bene nog te kort vir die fiets, en ek moes onderdeur ry, dit wil sê ek sit my been onder die lang pyp deur en hang skuins teen die raam van die fiets pleks van om op die saal te sit of regop op die pedale te staan.

Dit was vir my moeiliker as vir Boetie om op so 'n manier te leer fietsry, want dit was 'n kuns om jou so op die sykant te balanseer. Maar aanhouer wen, en op die ou end het dit amper nie meer 'n verskil gemaak nie. Ek het lank só gery voordat ek groot genoeg was vir die saal.

Daar was baie dubbeltjies langs die Nossob. As jy met 'n fiets buite die wielspore van die pad ry, steek die dorings die bande stukkend. Jy kon dit nie eens waag om op die middelman te ry nie.

Die spore was plek-plek sanderig en diep uitgery. Die fiets klim sommer maklik uit die pad. Dan spring jy vinnig af en dra hom terug spoor toe sodat die dorings nie die bande stukkend steek nie. Maar te laat is te laat!

Heelmaakgoed in die vorm van "patch and solution" was in die oorlogstyd amper nie te kry nie. Oom Jerry het water in die fiets se binnebande gegooi. Jy draai die "valve" uit en gooi water met 'n klein tregtertjie in. Maar nie te veel nie want dan is die bande te swaar en jy sukkel met die ry.

Solank jy met die fiets ry en die water saam met die bande in die rondte draai, bly dit styf want die water seël die gaatjies. Sodra jy egter stilhou en die water lê in die onderste gedeelte van die band, word dit pap deur die gate wat in die boonste deel van die band is. Jy pomp maar net weer as jy wil ry want dit is dán dat die bande styf moet bly.

Vir 'n band wat deurgeloop was, het oom Jerry ook raad gehad. Hy het 'n stukkie dun koedoeleer wat styf oor die band pas oor die gat gesit as die band pap is. Dan het hy die ente tussen die band en die velling ingedruk en gepomp sodat die band die stukkie leer teen die velling vasknyp. Dit was 'n goeie patent en op so 'n manier kon jy nog lank met 'n stukkende band ry.

Dié kere dat oom Jerry nie sy fiets nodig gehad het nie, het hy dit vir ons geleen as ons te voet daar by hom verbykom om die pos op Vogelweide te gaan haal. Dan was die ses myl daar van hom af Vogelweide toe en terug sommer 'n aangename ervaring.

Een oggend, ná ek weer die nag by oom Jerry en ant Bettie geslaap het, sê hy: "Ek sien met die verkyker springbokke langs die rivier op pad daar na julle toe. Ons kan vir jou ma een skiet."

Hy sit toe sy .303 agter sy blad en gee vir my 'n riem om vas te hou. Ek was nog maar klein en dag toe by myself ons moet die springbok daarmee agter die fiets aansleep want ek en hy ry daarop. Buitendien is daar nie plek op die fiets om 'n springbok te vervoer nie. Só dink ek maar ek is te skaam om te vra wat ons met die riem moet maak.

Met die eerste skoot val 'n groot springbokram. Dit was omtrent so halfpad na ons huis toe. En weer dink ek: As ons die bok so ver moet sleep, sal hy gehawend by die huis aankom. In my geestesoog sien ek repe vel en 'n karkas oordek met sand. My pa sal sommer baklei, weet ek, want hy sal nie daarvan hou nie.

Oom Jerry sny die bok oop en haal die binnegoed uit. Toe vat hy die agterbene en ek vat voor. Ons draai die bok op sy maag en oom Jerry lig hom agter op sodat die bloed kan uitloop. Dit spat oor my kaal voete maar ek was al baie keer saam om te gaan jag. Ek gee nie om vir bloed op my voete nie.

"Hou die fiets vas sodat ek die bok kan optel," sê oom Jerry.

Ek is verbaas, maar tel die fiets wat op die grond lê op en hou dit vas.

Oom Jerry was 'n sterk man. Met een swaai lig hy die groot ram op die fiets sodat sy kop voor by die handvatsels afhang en sy kruis op die saal lê. Toe maak hy hom stewig met die riem vas. Ons stoot toe die fiets, hy voor met die handvatsels, en ek agter teen die rooster, tot by die huis.

My pa het die skoot hoor val en het ons seker die hele tyd deur die verkyker dopgehou want toe ons met ons vrag by die huis aankom, staan hy daar met 'n breë glimlag.

"Tag, ou Jerry," sê hy, "'n springbok het al met 'n donkiekar, wa en motor hier op my werf aangekom maar nog nooit met 'n fiets nie."

Oom Jerry het maar net goedig geglimlag en toe hy die springbok aflaai, sê hy vir my: "Ou Billie, gaan was tog die bloed vir my daar onder by die dam van die fiets af."

Ek was baie trots toe ek die fiets daar wegstoot want my pa was verheug oor die springbok.

My pa het later, toe ons goed kon ry, ons eie breëwielfiets vir ons gekoop. Dit was 'n nuwe Philips. 'n Kersgeskenk. Ons was baie bly. Van Vogelweide af tot op Arahoab was dit net oom Jerry en ons wat fietse gehad het. Ons het soms met ons fiets skool toe gery as die donkies die slag weg was. Deur die sand was dit maar 'n groot gesukkel en meestal het een gery en die ander een het gestoot. Dit was net waar die pad plek-plek oor 'n harde vloer langs die rivierbedding geloop het, dat een van ons agterop die rooster kon ry.

Oom Jerry, wat lank met 'n breëwielfiets op die sandpaaie van sy plaas en na sy bure toe gery het, het 'n karakoelskaap soos min geken. Hy het een van die rykste boere daarlangs geword en kon nog voor sy dood 'n plaas vir elk van sy drie seuns en dogter gee en daarna nog 'n groot boedel nalaat.

Toe ek ná matriek in Mariental in die bank gaan werk het, het ek vir my ook 'n breëwielfiets gekoop. En drie jaar later, in 1953 toe ek universiteit toe is in Bloemfontein, het ek vir my weer een gekoop. Op die teerstrate het 'n breëwiel swaar-der as 'n smalwiel getrap. Al my studentemaats het so gesê toe ek die fiets wou koop maar ek wou opsluit 'n breëwiel hê.

Die einste breëwiel was my ryding toe ek twee jaar later terug is bank toe en my studies buitemuurs voortgesit het. Dit was my vryfiets, en toe ek in 1956 getroud is, my enigste ver-voer vir nog sowat vier jaar. Die eenvoudige mylpale van die Kalahari wat oom Jerry help plant het, het my pad tot in die groot stad Bloemfontein versier.

OUBAAS VOGELBRUCK
SE STOMPORE

Toe ons in 1940 op Wilheben gekom het, was die wêreld al vol van ou meneer Vogelbruck se stompoordonkies, só genoem omdat die helfte van beide hul ore afgesny was. Dit was sy merk. Duidelik. Daar kon geen argument wees oor wie se donkies dit is nie en jy kon hulle van ver af uitken.

Honderde van hulle; só het ons almal gedink as hulle op jou toesak. Hulle het in troppe van 20 tot 30 geloop, bo van Alexandria af tot by Solom, oom Koos Louw se plaas aan die onderkant van Arahoab. Daar was nie drade om hulle te keer nie.

My pa was 'n baie netjiese mens, op sy persoon, sy werf en sy kampdrade. Hy het dit gehaat dat 'n bees of donkie op sy werf moes mis, of "skyt" soos hy dit genoem het.

Nie 'n enkele van bogenoemde plase was toegekamp nie. Maar almal se water wel! Een van die eerste dinge wat my pa gedoen het toe hy op Wilheben gekom het, was om 'n netjiese huiskamp, waarin baie bome geplant kon word, en 'n groot tuinkamp vir groente en lusern onderkant die gronddam te maak.

Die gronddam het hy nooit afgekamp nie. Hy het gesê die skape sal mekaar in die hek vertrap as hulle saans dors uit die veld water toe kom. Dit was die enigste oop water daar rond, en dit het vir ons baie probleme met rondloperdiere gegee. Veral die stompore het ons weiding langs die rivier en in die kalke kaal gevreet. Bedags verjaag ons hulle met die honde maar in die nag kom hulle terug. Die hele nag hoor jy net donkiehingste balk soos hulle uit die kalke afkom water toe en agter die merries aanhardloop.

Oubaas Vogelbruck moes wekliks die pos op Stamprietfontein laat haal. Maandag vertrek die wa met 'n span van agt donkies van Vogelweide af. Hy stuur die bale karakoelwol, slagvelle en sakke vol ou bene met die wa tot op Stamprietfontein, waar die bus dit oplaai. Die bene gaan na die beenmeelfabriek op Okahandja; die velle en wol na Port Elizabeth.

Die duine, hitte en dors vreet die donkies wat die wa oor die sandpaaie trek, op. Donderdag of Vrydag, wanneer hulle terug is op Vogelweide, is hulle wrakke. Maandag, wanneer die wa weer vertrek, moet daar 'n vars span donkies wees want dié wat hy Vrydag uitgespan het, sal die volgende 14 dae nie weer 'n tog oor die duine kan uitstaan nie. Hulle moet veld toe gaan om te wei en te rus.

Al die mense behalwe my pa het donkies gehad. Elke man het gesorg dat hy darem 'n ordentlike donkiehings op sy plaas het om stewige, fluks donkies te teel. Want dit is wat die Kalahari se duine van 'n donkie gevra het.

My pa wou nie 'n donkie en 'n bok op sy plaas hê nie. Daar was nie 'n mark vir bokke nie, net vir karakoelvelletjies. Dus, elke ding op die plaas wat vier pote het, moes 'n karakoelskaap wees! Die stompore wat ons veld vertrap het, het hom nagmerries gegee.

Op Vogelweide is geen donkiehings gesny nie, al het hulle ook hoe miserabel gelyk. Hulle moes die aanteelwerk doen om die donkietroppe groot genoeg te maak sodat daar elke week vars donkies kon wees vir die wa wat Stamprietfontein toe moes gaan. Die gevolg was dat daar van die swakste donkies onder die son voorgekom het: klein, smal en verskrompel. Hier en daar was daar wel 'n donkie met 'n goeie konstitusie, soos my pa gesê het, maar oubaas Vogelbruck se bruin mense het rydonkies van hulle gemaak. Van Vogelweide af het daar voortdurend mense gery om donkies bymekaar te maak vir Maandag se wa en om dié wat nog nie gemerk is nie, se ore af te sny. Jong donkies moes ook gereeld geleer word om in die wa te trek. Hulle moes kraal toe kom.

Daar was 'n bruin man met 'n ysterwielwa op Vogelweide. Hy was seningrig en sterk met plooie van swaarkry op sy gesig en hy het 'n goeie geaardheid gehad. So een keer elke twee maande span hy ses jong stompore saam met ses geleerde donkies voor die wa. Dan ry hy en twee van sy seuns al voor die duin langs en laai die wa vol kameelhout. Die stompore sleep swaar aan die vrag want die wiele sny diep in die los sand. Hy ry met sy vrag hout briek-briek teen die kalke af na Matru van oom Steppie van Wyk toe en laai die vrag hout af vir tien sjielings. Hy gee die stompore water en ry teen die kalke uit, terug duin toe. Die lang sweep word goed ingelê sodat die jong stompore hulle gô daar teen die steil kalke kan uitspook. Wanneer hy vir die nag uitspan, koppel hy elke jong donkie aan 'n geleerde een sodat hy hulle môre weer in die hande kan kry.

Só laai hy elke dag 'n vrag hout om die beurt af by oom Jim en Ou Mies, by oom Wessel en by ons op Wilheben. Nie een van die vier plase het 'n wa nie. By ons draai hy om, want oom Koot van Zyl het self 'n groot, swaar ysterwielwa wat hy ook net inspan wanneer daar hout gehaal moet word.

Wanneer die bruin man die vrag hout daar by ons aanbring, kyk my pa die vrag eers goed deur of daar nie arahout op is nie want dié brand sommer tot as. Kameelhout daarenteen, maak groot, gloeiende kole wat lank hou en baie hitte gee.

Party keer sê hy daar is nie genoeg hout op die wa nie. Sonder om te mor, sê die bruin man dan hy en sy seuns sal môre nog 'n vrag bring. Die prys bly tien sjielings. Ná vier dae het hulle £2 verdien en wanneer hulle ná die vyfde of sesde dag op Vogelweide terug is, is die jong stompore behoorlik ingebreek, stukkend geskaaf en vol sweephale.

In ons verwysingsraamwerk was daar 'n groot verskil tussen stompore en donkies. Die stompore is nie deur ons gereken nie. Hulle was skarminkels, 'n term wat ons gebruik het om minagting te kenne te gee. Skarminkeldiere was krummels, 'n skarminkel van 'n mens was 'n nikswerd. 'n Rotter is 'n nog slegter mens, byna 'n uitgeworpene.

Op 'n dag was ek weer te voet op pad Vogelweide toe om pos te gaan haal. Daardie jaar het dit buitengewoon baie gereën. Die rivier het water gehad maar as ek my kortbroek se pype tot in my lieste oprol, kon ek deurstap. Ek het die 18 myl heen en weer kaalvoet geloop maar dit het nie gepla nie. Ek was gewoond kaalvoet loop. My voete was hard en in die winter ook skurf.

Ek stap al langs die rivier op. Vogelweide lê aan dieselfde kant as ons maar die pad loop by die plase aan, dan aan diékant en dan aan dáárdie kant van die rivier. Ek loop nie met die pad langs nie maar hou al aan die duskant.

Reg teenoor oom Wessel en oom Jerry-hulle se huise loop ek deur die veld want die pad loop daar deur die rivier na hulle kant toe. Ek hoef nie deur die rivier te gaan nie. Maar met die terugkom moet ek wel want dan moes ek die pos daar by hulle afgee.

Die brakbosse aan weerskante van die rivier is welig en op die breë, gelyk oewers wat uit slik van honderde jare bestaan – ons noem dit vloere – staan plek-plek plate vlak water van 'n paar duim diep.

Ek loop die meeste van die tyd enkeldiep deur die modder maar probeer die waterplate vermy deur my weg oor die effense hoër, harder dele te vind. Die gevolg is dat ek draaidraai loop en nie vinnig vorder nie.

148

Toe ek op 'n kol so 'n ent voor my tussen die brakbosse deur kan sien, vang iets my oog. Op die grond beweeg iets, nie 'n groot ding nie. Dit kan aasvoëls wees. Maar die goed daar voor my beweeg nie soos aasvoëls as hulle op die grond sit nie en dit is ook te klein. Sprinkaanvoëls? Hulle is in goeie reënjare volop. Nee, sprinkaanvoëls staan baie hoër op hul bene.

Ek stap koes-koes agter die bosse langs en hou my oë op die goed daar voor my. Varke? Dié het ek al so in die modder sien ploeter. Maar hoe sal hulle hier kom? Niemand naby ons het varke nie; as hulle vet is, vrek hulle te maklik in die warm somerdae al gooi jy hulle 'n paar keer op 'n dag nat.

Toe ek uiteindelik agter die laaste bos uitloer, kan ek steeds nie uitmaak wat dit is nie. Dit is vier sulke kort, smal goed wat heen en weer en dan weer agtertoe en vorentoe beweeg. Ek het nog nooit so iets gesien nie. Ek gaan behoedsaam nader om beter te kan sien. Ek is nie bang nie, net effens gespanne. Ek kan my asem hoor jaag en my hart voel klop. En toe besef ek skielik: Dit is stompore!

Toe ek orent kom en nader stap, sien ek feitlik net die rug-hare van die twee stompore bokant die modder uitsteek. Hulle staan in 'n effense holte, hulle koppe omhoog om nie in die slykerige modderwater te versuip nie.

Hulle staan met hul koppe weg van my af. Dit is dié dat ek nie aan hul ore kon sien dit is stompore nie.

Hulle kan nog hul ore roer om die swerm vlieë af te weer maar hulle kan nie meer hulle koppe swaai nie. Hulle kake-bene rus al op die modder. Die vlieë pak hulle oë toe en kruip ongehinderd by hul neusgate in. Rondom hulle ruik dit sleg, soos modder wat vrot geword het. Die vlieë sak op my ook toe. Ek begin verwilderd waai, tree agteruit en druk my neus toe.

Ek staan nog 'n rukkie magteloos en verskrik en toekyk

hoe die twee stompore deur die vlieë verteer word en stap toe verslae en bewerig weg.

So iets het ek nog nooit gesien nie. Party keer het 'n koei langs die rivier vasgesit maar dan het ons haar sommer maklik uitgehaal.

Ek voel mislik, die stank wil nie uit my neusgate weggaan nie.

Dit sal nie help om oom Jerry te gaan roep nie. Buitendien wil ek nie so ver terugloop net om vir hom van die nare affêre te gaan vertel nie. En Vogelweide is nog baie ver.

Die twee stompore het waarskynlik al 'n hele paar dae tevore in die modder begin wegsak. Hulle kan maklik 'n uur en langer staan en slaap. Dié twee het waarskynlik op die riviervloer water gesuip en toe, met 'n paar voet slik onder hulle, gaan staan en slaap. Toe hulle wakker skrik en wou aanstap, het hulle in die modder vasgesit en hoe meer hulle gespartel het om los te kom, hoe dieper het hulle in die slik weggesak.

Toe ek dié middag op Cleopatra aanstap om die pos af te gee, is oom Jerry daar en ek vertel hom van die twee stompore.

"Dit is snaaks," sê oom Jerry. "Ek het nog nooit van so iets gehoor nie. Ons het mos nie dryfsand in hierdie wêreld nie."

"Nee oom, dit is nie in 'n sloot nie. Dit is op 'n vloer. Daar het nie sand soontoe gespoel nie." Al sand wat ek ken wat dryf, is die spoelsand in die slote wat ons gebruik om sementstene mee te maak en daarin kan geen dier vassit nie.

Oom Jerry sien seker nie kans om vir my te beduie wat dryfsand is nie want hy kyk my net ondersoekend aan en sê: "Kom ons gaan kyk."

Nadat ek die oggend daar verby is, het daar weer 'n buitjie reën uitgesak en die waterplasse staan blink in die helder sonskyn op die vloere weerskante van die rivier.

Die tweespoorpad wat aan oom Jerry se kant van die rivier

teen rantjies langs loop, is sanderig en daar is nie modder nie. My spore lê in die pad soos ek van Vogelweide af gekom het met die pos in 'n wit meelslopie oor my skouer.

"Jy moet maar sê waar ons moet wegdraai rivier toe," sê oom Jerry nadat ons 'n hele ent met die pad langs gestap het.

Ek kyk, maar die vloere waarop die waterplasse staan en blink, en die brakbosse naby die rivier se loop lyk almal dieselfde. Ek het nie vanoggend daaraan gedink om 'n baken in die kalkrantjies daarnaas te probeer kry nie.

"Ek weet nie," sê ek nadat ek 'n rukkie gekyk het. "Ons moet maar deur die rivier en daar oorkant gaan soek."

"Kom ons gaan vat jou spoor."

Ons draai van die pad af en stap rivier toe. Nie ver nie, toe is ons uit die sanderige veld en in die modder van die breë rivieroewer. Oom Jerry trek sy velskoene uit en sit dit op 'n miershoop neer. Dit gebeur maar min in 'n mens se lewe dat jy jou skoene moet uittrek om langs die Nossob te loop. Die modder pers tussen ons tone deur en pak aan ons voete.

Toe ons by die rivier kom, rol ons ons broekspype tot in ons lieste op – oom Jerry het ook 'n kortbroek aan – en stap deur. Daar is 'n bietjie meer water in die rivier as toe ek 'n ruk tevore bo by Vogelweide deurgekom het. My broek word tot onder my boude nat.

Ons kry my spoor aan die oorkant. In die modderwater waarin ons enkeldiep loop, lê my spore plek-plek soos slikgate. Waar ek draai-draai op die harde kolle langs geloop het sodat die modder nie aan my voete moes pak nie, het die reën my spore heeltemal doodgemaak. Ente verloor ons my spoor heeltemal.

Ons soek lank tussen die bosse rond maar my spore is weg. Daar is geen aanduiding van waar die stompore kon vassit nie. Ons loop heen en weer tussen die bosse, 'n myl weerskante, en soek na oop kolle wat kan lyk soos dié waarin ek die donkies vanoggend gekry het. Niks.

Ná 'n ruk sê ek: "Ek dink die modder is bo-oor hulle. Ons sal hulle nie kry nie."

Ek sien die ongeloof in oom Jerry se oë.

"Ek weet darem maar nie," sê hy met 'n skewe glimlaggie. En skielik besef ek hy glo my nie. Oom Jerry van alle mense. Ek sal mos nie vir hom loop jok nie. Ek wil sommer begin huil.

"Regtig, oom. Daar wás twee stompore," sê ek na aan trane. "Ons moet net 'n bietjie hoër op soek. Miskien is die modder nog nie oor hulle koppe nie," verander ek skielik my storie want dit was vir my belangrik dat ons die donkies kry.

Die glimlaggie bly om sy mondhoeke. Sy oë is goedig.

"Ons is eintlik al hoër as wat jy gedink het. Kom ons gaan maar huis toe. Ek sien daar kom reën aan. Jy sal moet spring om by die huis te kom."

'n Kind stry nie met grootmense nie. Ek draai teësinnig om.

Ons loop in stilte terug. Die hele tyd is ek hartseer omdat oom Jerry my nie glo nie. Die nat broek skaaf my ook sommer baie seerder.

'n Paar maande later toe die rivier ophou loop het en die vloere droog was, met net modderskille wat onder my voete kraak as ek daarop trap, is ek weer Vogelweide toe om pos te gaan haal.

Sonder om te soek, loop ek reg op die stompore se moddergraf af. En daar in 'n effense holte soos wat die modder teruggesak het, lê twee donkieskedels langs mekaar. Spierwit in die son. Met die oogkasse groot gate en die bruin voortande lyk dit asof hulle grynslag.

"Julle kan maar vir my lê en lag, verdomde goed. Ek het julle gekry. Wê!"

In my hart is ek bly, baie bly. Ek tuur na oom Jerry se huis aan die oorkant van die rivier en kyk toe die wêreld goed deur sodat ek later presies weet waar die stompore se skedels lê.

Toe ek namiddag met die pos in die wit meelslopie by oom Jerry aankom, kan ek nie wag nie.

"Ek het die twee stompore se kopbene gekry," sê ek opgewonde.

"Ek weet," antwoord oom Jerry. "Ek het gister toevallig met die perd daarlangs gery. Ek sou jou gesê het, maar toe spring jy my voor."

DIE SPAANSE DONKIES

Omdat so min mense in daardie dae 'n motor kon bekostig, het donkies en perde 'n groot rol in ons alledaagse lewe gespeel. Perdesiekte het toe ook nog van tyd tot tyd sy tol geëis en muile was skaars maar gesog. Muile en donkies het nie perdesiekte gekry nie.

As jy 'n span van vier donkies en twee muile voor 'n waentjie gehad het, het jy sommer goed oor die weg gekom. 'n Muil is flukser en sterker as 'n donkie en het flink vooraan gedraf sodat die donkies moes trek om by te hou. Met sulke rygoed het jy sommer goeie vordering gemaak.

Die polisie op Arahoab het daardie tyd nog met perde patrollie gery en 'n perdemuil as pakdier gebruik. ('n Perdemuil is 'n muil waarvan die moer 'n perd is. 'n Donkiemuil het 'n donkie vir 'n ma en 'n perd vir 'n vaar.)

Oom Wessel hoor toe op 'n dag van 'n man in die Gobabisdistrik wat sulke wonderlike donkies het. Spaanse donkies! Hulle is groot, hoog op hul bene en sterk. Of die donkies werklik hul oorsprong in Spanje het, het ons nie geweet nie.

Die verhaal van die Spaanse donkies is seker nie van besondere betekenis nie, behalwe dat opwinding daar langs die Nossob so selde na jou kant toe gekom het dat 'n mens, om dit self te skep, soms na strooihalms gegryp het.

Oom Wessel sien toe in daardie donkies geleentheid vir 'n nuwe ondervinding want dié diere sou iets besonders wees, dit was dan 'n donkieras wat ons nie geken het nie! Hy skryf toe dadelik 'n brief aan die man om te hoor of hy nie 'n hings en 'n merrie aan hom wil verkoop nie.

Ná 'n hele ruk kry oom Wessel sy antwoord. Die man is nie bereid om 'n merrie aan hom af te staan nie maar hy kan 'n hings en 'n reundonkie kry. Hulle is onder die tuig geleer en met die hings kan oom Wessel darem sy eie donkies se bloed verbeter. As hy belangstel, kan hy hulle kom haal.

Oom Wessel kry toe die idee om perdemuile met die donkie-hings te teel. En as hy wil, kan hy hierdie twee buldonkies in-span en veld toe ry. Hulle sal mos 'n kar sommer lekker oor die duine kan trek. Die muile met Spaanse bloed sal sterk en fluks wees, reken hy. Om 'n span van vier of ses kranige muile te teel, sal net so opwindend wees soos wanneer die velkoper sê: "Meneer, dit is die mooiste 'parcel' karakoelvelletjies wat ek op hierdie 'trip' langs die Nossob gesien het." Dit sal mos 'n mens se bors laat swel van trots.

Oom Wessel laat weet vir die man hy sal die donkies kom haal sodra die veld mooi is. Die man woon meer as 100 myl van Cleopatra af en oom Wessel moet met 'n kar en donkies daarheen ry om die nuwe diere te gaan haal. Oral langs die pad moet daar genoeg gras vir die donkies wees wanneer hy uit-span want dit sal 'n reis van omtrent twee weke heen en weer wees. Daar was toe darem al oral plase teen die rivier en water sou nie 'n probleem wees nie.

Siende die Spaanse donkies so groot en hoog op hul bene staan, doen my pa aan die hand dat oom Wessel liewer met 'n kar en perde ry, dan span hy sommer die twee Spaanse don-kies agter in en die perde voor. Dan kan hy ook baie gouer terug wees want met perde vorder jy mos baie vinniger as met donkies.

So gesê, so gedaan. Op 'n dag toe die veld mooi is, vertrek oom Wessel om die Spaanse donkies te gaan haal. Hy is nogal opgewonde want hy het klaar drie of vier perdemerries uitgekies waarmee hy met die Spaanse hings muile wou teel. Ons ander sien met ewe groot verwagting uit na die koms van dié besondere donkies.

Oom Wessel is 'n spoggerige man en ry met lewendige perde. Dit is nie sy gewoonte om rof met sy perde te werk nie. Net so af en toe wanneer hy 'n reguit, gelyk stuk pad voor hom het, laat hy hulle hoewe dreun "om hulle oefening te gee". Met sy hoed tussen sy knieë vasgeknyp, swaai hy die peits. Dan moet hy sy houvas op die leisels ken of hulle hol met die kar weg. En as die perde hardloop dat die kluite teen die spatbord klap, kyk hy met 'n breë glimlag na jou en sê: "Hulle lê darem lekker oop, nè, ou Billie!" Maar nie te ver nie, of hy kalmeer hulle weer. Daarna is hulle onstuimig en nie lank nie of die wit skuimbolle staan op hulle soos hul sweet. Jy kan perde en tuie wat natgesweet is, ruik.

Toe dit tyd word vir oom Wessel om van Gobabis af terug te kom, hou ons sy huis daar bo langs die rivier dop vir die Spaanse donkies se aankoms op Cleopatra. Maar oom Wessel bly weg en hy bly weg. "Hy het seker 'n ou 'flame' langs die pad gekry," sê my pa. (Oom Wessel was nog nie getroud nie.)

Uiteindelik lig oom Wessel vir ons met die spieël om te sê hy is op Cleopatra. Ons is dadelik ore in die nek na hom toe om na die Spaanse donkies te gaan kyk.

Toe ons by oom Wessel aankom, sien ons sommer met die bymekaarkomslag sy gesig vertel iets. Hy sê dan nou ook niks van die uitsonderlike donkies toe ons gegroet het nie.

"Kom in. Die koffiewater kook," sê hy, in plaas van om opgewonde aan te kondig: "Hulle is hier!"

"Hoe maak die nuwe torras?" vra my pa. Hy het altyd só van donkies gepraat.

"Sleg. Verdomde nikswerd goed," antwoord oom Wessel stug. En oom Wessel is nie 'n man wat vloek soos my pa nie;

my pa het darem nie in gewone geselskap gevloek nie, net wanneer hy sy humeur verloor.

"Nou hoe dan?" wil my pa weet. "Waar is hulle?"

"Floukoppe. Ek moes hulle omtrent met die perde hier kom aansleep. Hulle staan daar onder in die waterkamp."

"Maar die perde was seker te veel vir hulle. Laat hulle vir 'n paar dae rus en span hulle in. Kyk wat maak hulle dan," sê my pa.

Oom Wessel trek sy skouers op en die moedeloosheid en teleurstelling is duidelik op sy andersins goedige gesig lees-baar. "Ek dink ek het my geld gemors."

"Wie sê? Laat hulle net eers goed rus," probeer my pa hom moed inpraat.

Ons stap almal waterkamp toe om na die Spaanse donkies te kyk.

"Ja nee," sê my pa teen die kampie se draad, "hulle ore hang."

Oom Wessel druk hulle na ons kant toe dat ons hulle darem beter kan deurkyk.

Vir my is hulle nogal indrukwekkend. Swarterig met grys gesigte.

"Op die oog af nie sleg nie," sê my pa. "Gee hulle maar 'n kans. Miskien verras hulle jou."

'n Week later kom ry oom Wessel daar by ons aan met sy twee Spaanse donkies. Hy is bitter teleurgesteld.

"Hulle is so sleg, hulle kan nie eens die kar in die sand trek nie. Yslike lummels, maar nie 'n donkiepoep werd nie. Wil net gaan staan as jy nie met die plak op hulle lywe bly nie. En kyk hoe groen is die veld! Wat gaan hulle beteken as dit droog is?"

Oom Wessel het die donkies nog 'n paar maande probeer en toe besluit hy wil nie perdemuile met Spaanse bloed hê nie. Ook nie gewone donkies wat met 'n Spaanse donkie gekruis is nie. Hulle was eenvoudig te sleg.

Oom Jerry het toe maar die hings gesny. Hy was handig daarmee en het altyd ons bulkalwers ook kom sny. Perde ook, en as die reunhonde wegloop na 'n teef op die buurplaas, dan sny hy dié ook. Hy het 'n gesonde hand gehad. Ek weet nie van een dier wat hy gesny het wat dood is daarvan nie.

Die Spaanse donkies het lank daar rondgeswerf want daar was nie drade nie. Hulle was later blinkvet en rond want hulle het nie gewerk nie.

Toe raak hulle weg. Ons het geglo een van die skeerspanne uit Aminuis, 'n reservaat op die grens van Betsjoeanaland, het hulle opgeëet.

Maar dit was nie skade nie.

OOM KOK SE BOK
MET DIE KLOK

... en die vuur het die groot watervloed laat opdroog ...
Amos 7:4

Die twee mense wat ek kleintyd geken het met die beste humorsin – ons het gesê hulle is grappig – was oom Kok Binneman en sy broer oom Klonk. Hulle het nie langs die Nossob gebly nie maar in die duine wes van Arahoab. Oom Kok se kinders Krisjan, Kleintjie en Bybie het op Arahoab skoolgegaan. Oom Klonk was 'n oujongkêrel.

Oom Kok en oom Klonk het op 'n dag saam met een van daardie groot windstiltes en gepaardgaande hitte wat soms oor die Kalahari kom, daar by ons aangekom.

Sulke tye word die Kalahari warm soos 'n hoogoond want die wind wat die hitte moet temper, het aan die uiteindes van die hemel versteen. Temperature van tot 45°C in die skadu en meer as 50°C in die son is al gemeet. Voëltjies val dood uit die bome en 'n mens kan amper nie asemhaal nie. As dit so warm is, drink 'n klomp skaap sommer gou 'n dam leeg.

Oom Klonk en oom Kok het met 'n kar en ses donkies ge-kom. Die donkies was so gedaan en dors dat hulle nie meer wou loop nie. Oom Klonk het hulle gelei en oom Kok het op die kar gesit en die leisels gehou. Toe hulle die vreemde werf sien, met honde wat blaf, gaan staan die voordonkies, hoe oom Klonk hulle ook al rondruk. Dit maak mos 'n donkie éérs

159

kopsku. Die agterstes wat oom Kok met die plak dryf, loop met die disselboom onder die voorstes in. Die stringe, leisels, tuie en swingels raak deurmekaar en oom Kok moet van die kar afklim en help om die donkies wat oor stringe en leisels trap van mekaar af weg te trek voor hulle weer aan die gang kan kom.

By die karakoelskape het dit soms gebeur dat jy 'n lam aankry met ore wat so klein was dat jy nie jou merk daarin kon sny nie. Ons het dit muisore genoem. Oom Klonk het muisore gehad. Sy ore was nie veel groter as twee gedroogde perskes nie.

Oom Kok het sproete en rooierige hare gehad. 'n Mens kon sien hulle is broers. Albei se gesigte was rooi en hulle het verskriklik gebrei. Party keer kon jy hulle amper nie verstaan nie want hulle het slordig gepraat en soms erg gekruide taal gebruik. Oom Kok het 'n bril met een dowwe glas gedra want sy oog was uit. Hy hét 'n glasoog gehad maar met die Kalahari se stof kon hy nie daarmee regkom nie en het hy dit eintlik nooit ingesit nie.

Waar oom Kok en oom Klonk bymekaar was, is daar altyd gelag, meestal ten koste van hulself. Niemand het ooit vir hulle kwaad geword nie.

Oom Kok kom vra vir water en staanplek vir sy vee wat aan 't kom is. Die kar is vol gelaai met maer skape en bokke wat nie meer kan loop nie. As die donkies gesuip en 'n bietjie gerus het, sal hy moet teruggaan om dié te gaan haal wat 'n paar duine van ons huis af al uitgesak het. Hulle het die diere in die skaduwee van 'n paar kameelbome ingedra.

"Hulle is wgagtag so maeg dat 'n jakkals nie aan hulle sal vgeet nie," sê oom Kok. "Maag hulle het dagem nog velle oog hulle liggame wat keeg dat hulle bene en binnegoed nie uitmekaagval nie. So ons sal hulle dagem nog kgy as ons teguggaan."

Hy sê die ding van die maer goed so snaaks dat ons almal lag. Hy en oom Klonk lag ewe hard saam.

"Ek weet nie hoe lank die donkies moet gus nie. Hulle is wgagtag so sleg dat Klonk en ek net so wel die kag hiegheen kon getgek het," brei hy uit.

"My oge is te klein om donkie te speel," sê oom Klonk en wys vat-vat na sy ore. "En met 'n dgoë oog," hy wys na oom Kok se dowwe brilglas, "sou jy nie pad kon hou nie." Toe lag die twee moeë en tam broers vir mekaar dat jy hulle waar kan hoor.

Oom Kok sê daar by hom op die plaas is al wat dam is lankal leeg. Sy bure draai ook dag en nag windpomp om hul diere water te gee. Maar hy kan nie windpomp draai nie, die gat is te diep en sy vee te veel, hy kan nie voorbly met water gee nie.

Omdat sy boorgat so diep was, het oom Kok glo die grootste windpompwiel in die Kalahari. Die gat was amper 1000 voet diep en die water het opgestoot tot omtrent 300 voet van bo af. Die vrag water wat die windpomp op daardie diepte na die oppervlak moes trek, was baie swaar. Hoe groter die windpomp se wiel, hoe groter die vrag wat hy kan trek. So 'n groot wiel draai egter baie swaar in die wind en het sommer 'n sterk bries nodig om hom aan die loop te kry. Maar dae aaneen was daar nie eens 'n asemtog in die Kalahari nie. Die hele aarde het in 'n groot stilte gelê en in die hitte van elke dag gebewe.

Ons was gelukkig om subartesiese water op Wilheben te hê. Toe die gat geboor is, is dit nie deur die bloulei waaronder die artesiese water vasgevang is, gestamp nie. Die water het dus nie onder groot druk uitgespuit soos by ander gate hoër op langs die rivier nie maar het darem dag en nag by 'n pyp met 'n deursnee van vier duim uitgeloop. Dit was genoeg om ons gronddam vol te hou.

Toe oom Kok en sy broer daar aankom om water en staanplek te vra, het oom Jerry en oom Wessel reeds by ons water gegee maar hulle het darem nie veld nodig gehad nie. Die dam het feitlik op ons lyndraad met Cleopatra gestaan sodat hulle op hul eie grond kon laat wei en net by ons laat suip. Hulle het nie beeste gehad nie, net skape en bokke.

Ons boorgat was toevallig op daardie tydstip die laaste springwater teen die rivier af tot by die grensplase ver onderkant Arahoab. Op Cambridge van oom Koot van Zyl was net 'n put. Gelukkig was dit nie baie diep nie en hulle het 'n windpomp en 'n handkatrol op die put gehad. Heelwat later het hulle wel artesiese water oopgeboor. Hulle draai die handkatrol se slingers dag en nag dat blare, wat later eelte word, in die kinders se hande sit. Buiten Jol en Sarel was daar drie groter seuns: Nols, John en Frederik. Hulle skep die water met 'n emmer uit. Oom Koot het beeste, perde, donkies en kleinvee. Die grootvee suip baie water. 'n Emmer bring nie baie water op 'n keer uit nie, maar dit is vinniger as om die windpomp se wiel te draai. Snags maak hulle die waterkamp se hek toe sodat die diere nie kan inkom nie. Dan hou hulle aan om slinger te draai en sodra die krip vol is, gooi hulle die water in die dam om 'n bietjie voor te kom.

Dit was reeds baie droog en die veld was min maar my pa het vir oom Kok staanplek by die middelpos gegee. Eintlik was dit nie 'n pos nie want daar was nie water nie. Maar my pa het daar laat boor met die doel dat dit die middelpos moes word.

Klein Fred van der Merwe het egter die gat skeef geboor en ná byna vier maande se staan by die boortou en swoeg om ses dromme water op 'n keer met die donkiewa oor die duine te bring, is hy daar weg sonder 'n pennie. Dit was 'n ongeskrewe reël: Vir 'n skewe gat word jy nie betaal nie want dit kan nie gebruik word nie.

Die storie is vertel dat oom Kok sy glasoog ingesit het wanneer hy van die huis af sou weggaan. Dan roep hy die werf se bruin mense bymekaar en sê: "Ek sit my oog hier neer." Hy haal die oog met allerhande gebare uit en sit dit op die huiskampie se hekpaal. "Hy sal sien as julle verkeerde dinge doen en vir my alles sê as ek terugkom."

Die kinders hardloop weg, die grootmense skud die kop en staan van die affêre af weg. Hulle kan mos sien dit is sy oog wat daar na hulle lê en kyk. Maar hoe kry hy dit reg om dit uit te haal en daar neer te sit? Die man kan toor!

Daar het glo nooit op oom Kok se plaas fout gekom terwyl hy weg was nie.

Oom Klonk kon lekker met homself spot omdat sy ore so klein is. Hy sê sy ore het doodgeryp toe hy klein was en hy is nie getroud nie omdat hy nie kon hoor wat die meisie sê toe hy haar vir die jawoord gevra het nie.

"Ek het saggies by haar oor gepraat soos 'n mens met sulke dinge doen. En toe sy in my oor wou fluister, is my oor so klein dat sy dit nie kon kry nie. Sy het later bo-op my gesit om my stil te hou want my lyf het verskriklik aan 't bewe gegaan. Sy het met haar oop mond hier naby my gesig na my oor gesoek. Ek kon nie hoor wat sy sê nie. Toe laat staan ons dit maar."

"Is jy seker jy het gevra om met haar te trou?" vra my pa ondeund. "Het jy nie dalk iets anders gevra nie?"

Toe lag hulle drie. Ek het nie geweet waaroor hulle lag nie.

"Billie, loop speel!" sê my pa. "Vir wat staan jy die grootmense se tande hier en tel?"

Oom Kok en oom Klonk se skape en bokke het die namiddag daar aangekom. Die trop is oor die duisend stuks. Daar is baie bokke by.

Die diere drink hulle tot barstens toe vol en moet lank by die water staan en rus voor oom Kok se twee wagters hulle weer aan die beweeg kan kry.

My pa kon nie glo hoe baie bokke oom Kok en oom Klonk het nie. Self het hy nie 'n enkele bok op sy plaas nie want hulle kan nie pelse lewer nie en skaapvleis is tog baie lekkerder as bokvleis.

Daar by ons in die gronddam suip toe meer as vierduisend stuks kleinvee en heelparty van ons eie grootvee en die stompore wat snags daarlangs kom. Hulle trap die aarde daarheen snuif. My pa het maar net sy skop geskud toe hy sien hoe honderde slingerpaadjies van die dam af begin weglei veld toe. Gronderosie was vir hom 'n ernstige saak. Ek en Boetie moes gedurig klippe op die rantjies optel, dit in die slote indra en dwarswalle pak om te keer vir verspoeling. Baie van hierdie klipwalle lê vandag nog in Wilheben se slote.

Al wat my pa verwag het van die manne wat daar water gee, was dat hulle moes sorg dat hulle diere nie met syne deurmekaarloop nie. Hy vang nie skaap uit nie!

Dis toe gereël dat oom Jerry in die voormiddag water gee, oom Kok op die middaguur en oom Wessel in die namiddag. My pa se goed kom met sononder suip.

Oom Kok slaan vir hom en oom Klonk daar by die droë middelpos 'n tent op. Die twee skaapwagters sit hulle komberse sommer in die mik van 'n kameelboom neer. Dit is mos net 'n paar dae voor die wind waai en hulle weer huis toe gaan.

Toe word dit een van die langste windstiltes wat die oumense kon onthou. Oom Kok-hulle staan amper drie weke daar by ons middelpos. Eintlik het hulle net by hulle skape gaan slaap want bedags het hulle by ons gekuier. Hulle moes tog elke middag daar wees wanneer die vee kom suip.

Eintlik was dit 'n paar lekker weke vir my en Boetie met al die mense wat heeldag daar was. Oom Jerry en oom Wessel moes ook elke dag daar wees om hulle skaap water te gee. Hulle het ook graag met oom Kok en oom Klonk gesels en ure daar gebly. My pa het soveel afleiding gehad dat dit nie vir hom nodig was om sy oë die hele tyd op ons te hou nie.

Uiteindelik begin die wind waai. Redelik sterk. Die dam op Cleopatra het sommer gou weer genoeg water gehad. Toe vat oom Wessel en oom Jerry hul vee weg.

Maar oom Kok sê: "Ou Willie, ek wil nie te gou terug nie. Dit help nie my dam het net 'n paar ringe water as ek daar kom en dan loop lê die wind weer nie. Dit is 'n verdomde swaar ding wat daar staan," sê hy, verwysende na die wind- pomp met die groot wiel. "Buitendien ly ek aan hoogtevrees. As ek onder is, kan ek nie bo kom nie en as ek bo is, kan ek nie afkom nie."

"Jy ly g'n aan hoogtevrees nie. Of praat jy nie van die wind- pomp nie?" vra oom Klonk, en die twee oues lag hulle eie lag.

Die riffels van die sinkplate waarmee die dam gebou word, vorm ringe sodra die plate inmekaar pas en die riffels by me- kaar aansluit. Wanneer iemand sê die water lê vyf ringe van bo af, dan weet jy presies hoeveel water die dam het.

Oom Kok bly toe nog 'n paar dae om seker te maak dit is nie 'n looplêwind nie.

Die dag toe hy en oom Klonk hul vee vir oulaas daar by ons gronddam kom water gee, sê oom Kok: "Nou ja, ou Willie. Jy moet sê wat skuld ons jou."

"Niks!" sê my pa. En hy bedoel dit.

"A nee a," sê oom Kok. "Ons het elke dag wateg kom gee en ons het jou gas opgevgeet. Jy het ons ganse boegdegy geged. Dit kan nie niks wil kos nie."

"Die water loop vanself uit en die gras sal weer groei," antwoord my pa.

"Ek sien jy het nie 'n voogbok by jou skaap nie," sê oom Kok. "Ek gee jou myne."

"Jou voorbok?"

"H'm," beaam oom Kok en glimlag van lekkerkry omdat my pa so verbaas is.

"Ek het nie daarop ge-*bargain* nie," sê my pa. "Maar baie dankie."

Die groot wit kapater wat hoog bokant die trop loop, word gevang en aan die windpomp se een been vasgemaak tot die aand wanneer my pa se skaap sal kom suip.

"Haal jou klok af," sê my pa.

"Nee, met klok en al," antwoord oom Kok. "'n Bleggie bok sondeg 'n klok is mos vegdomp niks wegd nie."

"Maar dan moet jy maar 'n paar bokke aan my verkoop. Een bokkapater op die plaas sal tog 'n alte treurige ding wees."

"Jy kan degtig ooie kgy. Ek het baie."

Dit is asof my pa 'n oomblik huiwer want hy het sekerlik nie só baie bokke in gedagte gehad nie. Waarskynlik vyf kapaters of so. Toe vra hy: "Wat wil jy hê?"

"Tien sjielings."

"Uitsoek?" wil my pa weet.

"Ja, sê maar so."

Die trop skape en bokke word teen die dam vasgedruk en my pa stap tussen hulle deur en wys vir oom Kok wat saam met hom stap. Dan knik oom Kok en die skaapwagters vang die bok. Een vir een, al 30 van hulle.

Dit was 'n bont spul want die veredelde wit boerbok met sy rooi kop was toe nog onbekend.

By die huis haal my pa vir oom Kok £15 in note uit 'n seilsakkie. Daar staan *Standard Bank* in swart letters op die sakkie. Toe is daar nog baie note in die sakkie oor.

Toe oom Kok en oom Klonk daar weg is, vra my ma: "Vir wat koop jy toe dertig bokooie?"

"Ag, ek dink hy het die geld nodig. Wie anders sal tog die bokke by hom koop?"

Van daardie dag af was die wit kapater "oom Kok se bok met die klok". En ons het vir die eerste keer 'n bokboerdery op die plaas gehad.

Daardie jaar reën dit goed. My pa het nie 'n bokram nie maar toe oom Jerry s'n klaar sy ooie gedek het, bring hy hom na ons toe – in 'n streepsak geprop wat met 'n draad onder sy kop vasgedraai is. "Sodat hy my nie ondersit nie want hy is verdomp groot en sterk," lag oom Jerry toe hy die bokram van die donkiekar aflaai.

Toe die bokke begin lam, moes ons elke oggend so 'n stuk of tien melk; nie te veel nie want daar moes genoeg melk vir die lammers oorbly. My pa was baie lief vir bokmelk in sy koffie en oor sy pap; sedert sy arm dae tot hy nog bokke en blinkhaarafrikaners gehad het. Hy het baie keer op 'n dag koffie gedrink. Miskien het dit daardie ou lus gemaak sodat hy die 30 bokooie gekoop het.

Toe die eerste boklammers 'n paar maande later gemerk en gesny moes word, moes oom Jerry kom kyk of daar een is wat as ram vir Wilheben se nuwe boktrop kon deug. Hy het toe 'n baie mooi lam met 'n groot swart vlek op sy regtervoorblad aangewys.

"Hy lyk soos sy pa," het oom Jerry gesê. "Hy sal 'n groot ding word."

Ná die eerste paar bokke gelam het, het my pa vir my en Boetie elkeen twee ooilammers gemerk. Hy het nogal só probeer uitsoek dat elke man s'n eners lyk. Myne was witblou en Boetie s'n was swart. "Sodat ons hulle maklik tussen die bontes kan uitken," het my pa gesê.

Ons het baie ryk gevoel en wanneer die bokke saans in die kraal staan, het elkeen se oë net na sy eie bokke gesoek.

Ons het gesorg dat ons bokooie nie gemelk word nie sodat hulle lammers gróót kon word.

DIT HET MET MY PA GEBEUR

Ek was in sub B en op Pretorius in die skool toe dit gebeur het. Dit was in 1939.

Die koshuis en skool van pragtige gekapte klip het aan die voet van 'n kalkheuwel gelê. Aan die suidekant was 'n sandlaagte wat breed en sterk geloop het wanneer dit reën. Die polisiestasie het op die oorkantste kalkheuwel gestaan. Laer af teen die laagte, ook aan die oorkant, het die Beylevelds in 'n sinkhuis gewoon. Hulle was 'n hele paar kinders. Nog laer, maar aan die duskant, was die winkel waar oom Koot Theron die winkelman was. Op die neus van 'n rantjie, af na die rivier toe, het die Tautes se huis, ook van gekapte klip, gestaan. Die seun Willie wat toe in standerd ses was, het later 'n professor in Elektriese en Elektroniese ingenieurswese aan die Universiteit van Pretoria geword.

In die leegte teenoor die Tautes se huis was 'n groot gronddam wat deur 'n artesiese bron gevoed is. Dit was 'n sterk boorgat en die dam het gereeld oorgeloop.

Dít was Pretorius in daardie dae.

Meneer Engelbrecht was die prinsipaal, 'n kwaai derduiwel, en meneer Venter en juffrou Van Wyk was die twee assistente. Juffrou Muller, wat later ons stiefma sou word, was die koshuismatrone. Sy was saggeaard en het die siek kinders gedokter, al was dit net met kasterolie of 'n paar druppels paraffien op 'n lepeltjie suiker vir hoes in die winter. Baie van ons het gehoes ter wille van die lepeltjie suiker en het nie omgegee vir die paraffienwinde wat jy daarna loop en opbreek nie.

Op 'n middag sien ek my pa se groen *two-seater*-Chev oorkant by die polisiestasie staan. Sonder om toestemming te vra, glip ek by die hek uit en draf na my pa toe. Miskien sal hy my met die motor terugbring, dan kon ek tog groot voel tussen my maats wie se pa's nie een 'n motor het nie, behalwe vir oom Klaas Mostert en oom Joggem Brand. En as my pa vir meneer Engelbrecht gaan groet, sal ek by die motor staan as al die kinders kom om daarna te kyk.

Die stasie het 'n hoë fondament gehad, jy het trappe geklim stoep toe. Net toe ek daar kom, stap my pa die trappies af.

Ek skrik toe ek opkyk. Sy gesig is stukkend en rond geswel, sy lippe dik en sy oë potblou en byna ook toegeswel.

Ek begin huil want ek dink die motor het omgeslaan en hy het verskriklik seergekry en hy sal doodgaan.

My pa steek op die trap vas en so deur die seer op sy gesig sien ek hy is verskriklik kwaad vir my.

"Wat maak jy hier?" vra hy. Sy stem is skor maar ek kan hoor hy is briesend. "Loop dadelik terug koshuis toe of ek trek jou gatvelle hier op die plek vir jou af!" Hy gryp ook sommer na die gespe van sy gevreesde breë lyfband.

Ek hardloop oorbluf en val-val teen die bult af, terug hek toe, sonder om een keer om te kyk. Op die koshuisterrein gaan sit ek huil-huil en doodsbenoud agter 'n brosdoringbos. Toe ek beangs in die rigting van die polisiestasie kyk, sien ek my pa se motor is weg. So verskrik het ek teen die rant afgehardloop dat ek nie eens die motor hoor dreun het toe hy gery het nie.

Ek het nog 'n ruk daar gesit en huil. Later het ek opgestaan en halfsku by die ander kinders verbygestap waar hulle gespeel het. In die badkamer het ek sommer by 'n wasbak gestaan en wanneer iemand inkom, het ek kamma my gesig gewas. Ek kon my pa se opgeswelde gesig, stukkende lippe en potblou oë nie uit my gedagtes kry nie. Die herinnering aan sy kwaai stem wou my sommer weer laat huil. Ek was baie verward.

Die storie het sommer gou-gou die rondte gedoen dat dit Boela Carelse is wat my pa so geslaan het. Sy pa was 'n gesiene boer hoër op langs die rivier en het op die Landraad van daardie tyd gedien. Boela was 'n knewel van 'n jong man en my pa was toe al ouer as 40.

Boela se sussie Lottie en sy boetie Naas (skuilname) was toe ook daar op Pretorius in die skool. Ek wou nie naby Lottie kom nie, ek was skaam. Ek wou nie met Naas speel nie, ek was kwaad vir hom want die storie het ook gelui dat my pa 'n saak wou maak en as dít gebeur, sou Boela my pa ééns op sy hel gee. Ek wou nie hê Boela moet weer my pa slaan nie en ek het gewens my pa los die saak. Ek het dae lank met hierdie angs in my hart rondgeloop en elke dag na die polisiestasie gekyk of my pa se motor nie daar staan vir die hofsaak nie want dan sou Boela my pa weer slaan.

Daar was toe nie 'n saak nie. Hoewel ek bly was daaroor, het dit lank daarna half gevoel asof my pa 'n sissie is want hoe het Boela dit reggekry om hom te slaan? En hoe kon Boela sommer net sê hy gaan my pa weer op sy hel gee? Ek het nie geweet hoe om hierdie ding wat met my pa gebeur het, te verwerk nie. Elke keer as ek na hom kyk, het ek gewonder hoekom hy nie sterk genoeg was om vir Boela terug te slaan nie.

Die storie agter daardie dag toe ek my pa by die polisiestasie se trap sien afkom het, het oom Wessel jare later teësinnig vir my vertel. Ek wou die waarheid weet want Boela is later met Helena (skuilnaam), wat familie van ons is, getroud. Sy was 'n lang, pragtige meisie met ligte hare en blou oë.

Die storie het toe al oral rondgelê dat Boela hard drink,

ewe hard in die kroeë op Gobabis en Mariental baklei en dat hy en Helena nie juis 'n wafferse lewe het nie. Almal was jammer vir haar.

Daardie tyd toe Boela Carelse my pa so onbehoorlik geslaan het, het oom Wessel 'n graslisensie op die plaas Reitz, 'n hele ent onderkant Pretorius langs die Nossob, gehad. Boela het 'n paar plase bokant Pretorius by sy pa gebly. My pa het op Reitz se buurplaas by ant Jella Kotzé, wat nie familie van ons was nie, met sy skape gestaan.

By ant Jella was nie genoeg water vir al die vee nie en my pa het by oom Wessel op Reitz water gegee. Hy het sterk springwater en 'n groot gronddam gehad sodat hy 'n stukkie koring kon natlei en 'n paar mud vir eie gebruik kon oes. In daardie dam het ek nog leer swem. Oom Karel van Wyk se seun Attie het my op sy uitgestrekte arms laat dryf. Ek het met my hande geroei soos 'n hond en geskop tot ek nie meer gesink het nie. Toe het Attie gesê ek kan swem en ek moet nou verder op my eie regkom.

Attie se blindederm het op 'n dag gebars. Hy is op Gobabis, 93 myl van Reitz af, in die Katolieke hospitaal deur dokter Mei geopereer en het by die dood omgedraai. Hy is sieksiek teruggebring Reitz toe waar hy om sy lewe geveg het en lank siek gebly het. Ons het gehoor hulle het al tot sy kis gekry. Maar hy het weer gesond geword.

Ná al die jare het oom Wessel my toe daar op Cleopatra, waar hy later gaan woon het, vertel dat toe Boela na Helena begin vry het, my pa in 'n oomblik van besorgdheid aan iemand gesê het Boela is 'n nikswerd, Helena moet hom liewer los want sy sal nie 'n goeie dag onder hom hê nie.

My pa het waarskynlik gedink omdat Helena familie is, kon hy maar 'n goedbedoelde waarskuwing rig. Hy het egter nie daarmee rekening gehou dat verliefdheid en rede nie te versoen is nie.

Toe Helena daarvan hoor, het sy waarskynlik vir Boela daarvan vertel. Boela het na my pa kom soek en hom op Reitz gekry waar hy besig was om velletjies in die dam te was. Hy het my pa van agter af genader en met hom die water ingebeur waar hy hom halfpad versuip het en toe met die vuis geslaan tot hy nie meer asem gehad het nie. Daarna het hy hom tot op die wal gesleep, waar hy hom laat lê en weggery het.

Oom Wessel het gesê dit was 'n groot skok vir die gemeenskap dat 'n jong bullebak my pa so geslaan het. Iets van hierdie voorval het bly steek want die mense het maar altyd as Boela aankom uit skaamte vir sy part hulle koppe weggedraai. Hoewel Helena vir Boela 'n paar kinders in die wêreld gebring het, het sy toe inderdaad nie 'n goeie dag onder hom gehad nie. Hulle is later geskei en op die ou end het hy niks meer gehad nie. Dit is vertel dat dit so sleg met hom gegaan het dat hy slaapplek onder brûe gesoek het.

My pa was reg met Boela en het lank genoeg gelewe om dit alles te sien gebeur. Bóéla was 'n rotter!

Ek het dikwels gewonder wat my pa daarvan dink. Hy sou sekerlik weet ons het gehoor dit was Boela Carelse wat hom so geslaan het en hy sou onthou ek het hom daardie dag op die polisiestasie se trap gesien. Maar hy het tot die dag van sy dood nooit daaroor gepraat nie. Hy het die vernedering in sy binneste opgekrop en wou nooit weer iets met die Carelses te doen hê nie.

Aanvanklik het ek Boela gevrees, des te meer omdat ek bang was hy doen my pa weer leed aan. Soos ek ouer geword het, het my gevoel vir hom eienaardig gevarieer. Ek kon die voorval nooit vergeet nie. Dit het saam met my gegroei.

Ek het Boela probeer miskyk. Ek het hom verafsku. Ek het 'n wrok jeens hom gehad. Die twee keer of so dat ek hom in my volwasse lewe teëgekom het, kon hy aan my gesig sien dat ek nie vriendelik is nie. Ek het hom leed toegewens wat erger was as boontjie kry sy loontjie. Dit het min of meer ui-ting gevind in my gevoel van "jou verdomde loon" toe ek hoor hy het van sy familie afvallig geraak en bevind hom ie-wers in 'n plek van die Heilsleër, waar hy daar onder hul neuse weer aan 't drinke gegaan het en die plek moes verlaat. Daar was blykbaar nie salf aan hom te smeer nie want eintlik het hy nooit ophou drink nie. Later het selfs sy kinders nie ge-weet waar hy op 'n hoë ouderdom rondswerf nie.

Op die ou end het ek hom net verag.

Boela is al dood, maar dit is die één persoon in my lewe oor wie my gemoed nog nie rus kon kry nie. Die gronddam op Reitz met sy groot kraan waaruit die artesiese water in 'n dik stroom gevloei het, bly helder in my geheue ingeprent. Ek onthou dit nie omdat Attie van Wyk my daar leer swem het nie maar omdat Boela my pa daar halfbewusteloos op die wal uit-gesleep het.

ANT BETTIE VAN OOM JERRY

Oom Jerry se vrou ant Bettie was een van 'n tweeling. Sy was 'n nooi Kotzé en haar pa se naam was Jan Grootgeluk (sy plaas se naam). Oom Jerry se pa se naam was ook Jan maar hy is nie Jan Alexandria genoem nie. Die onderskeid het tussen Jan en Jan Grootgeluk gelê.

Vir die tyd waarin ons geleef het en in die harde wêreld wat ons tuiste was, was ant Bettie 'n voorslag van 'n boervrou. Sy het net so hard soos oom Jerry gewerk vir die rykdom wat hy uit die Kalahari se skatkamers – wat in 'n goeie jaar gee en gee – gehaal het. Wanneer hulle plaas nie meer gras gehad het nie, het sy saam met hom die Kalahari se son en meedoënloosheid op die trekpad getrotseer agter weiding aan. Dit was nie maklik nie want 'n warm, droë Kalahari is niemand se maat nie. As die son in die middag op sy kaal, windverwaaide sand gaan stilstaan, kan hy voel "soos die vuur van die smelters" waarvan Maleagi praat.

In die beginjare, toe oom Jerry en ant Bettie saam met oom Wessel op Cleopatra gebly het, het hulle in 'n platdakhuisie gewoon: kombuis, eetkamer en slaapkamer sonder badkamer of toilet.

Niemand het 'n badkamer of toilet gehad nie. Dit het maar koes-koes en rondkyk gegaan om te sien wie is in watter sloot of agter watter bos.

Ant Bettie het maklik op 'n warm dag met haar tuitkappie op haar kop die lammerooie in die ruwe kalke omgeloop en blylêlammers bymekaargemaak terwyl oom Jerry met sy kar en vier wit donkies veld toe is met 'n drom vol water vir die skaapwagter by die uitslaappos.

Sy kon net so netjies soos hy karakoellammers slag, die velletjies in die krip gaan was en dit daarna oopspalk op rame wat eiehandig gemaak is. Dit was met fyn goiingsuikersakke oorgetrek; as jy dié in die hande kon kry. Rolle goiing was toe nog nie bekend nie en al was dit, sou ons dit nooit in die oorlogstyd kon koop nie. Ons het meestal goiingmeelsakke gebruik maar dié was so dik en dig dat die velletjies lank nat gebly het.

Sy het nie gehuiwer om die lappie lusern met 'n graaf nat te lei of met 'n sekel 'n draggie voer vir 'n siek koei te sny terwyl oom Jerry in die skeerhok by sy skape staan nie. En as die skaapwagter nog sukkel met die ou, maer goed wat ver agter in die stof van die trop aankom, keer sy die trop voor, en as oom Jerry skree: "Laat kom!" keer sy 'n troppie af om te gaan suip. Hý is by die krip om die kraan te reguleer en om te kyk dat die dorstige diere mekaar nie by die krip doodtrap nie. En sy moet haar staan en draf daar voor die trop ken want hulle wil weerskante van haar verby om by die water te kom. Sy het daar in die son gesweet sonder om daaraan te dink dat sy 'n vrou is.

Sy het self die slagding afgeslag en uitmekaargemaak terwyl oom Jerry sy skape deurkyk en die kruppel diere vang en met dip teen die bosluise dokter. Daarna het hy hulle getel en stadig weg van die werf af gedruk in die rigting wat hy wou hê hulle vir die dag moes gaan wei. Hy het die koers elke dag afgewissel om die veld so min as moontlik uit te trap.

Hulle het later na die kroongrond agter Cleopatra, wat oom Jerry gekoop het, getrek. Daar het hulle 'n paar jaar in 'n hut van kameelboompale en gras gebly; net een vertrek met 'n kookskerm buite onder 'n groot kameelboom. Die gebreide bokvelsakke met mielie- en boermeel daarin het aan die pale gehang. Die hut se gras en die bokvelsakke met meel het 'n reuk van sy eie aan die vertrek gegee.

Breggie, hulle oudste en die enigste dogter, was toe al gebore. Hulle drie seuns Jan, Bruynard en Dirk is ook almal in die Kalahari gebore.

Oom Jerry het 'n ryk man geword. Hy het vir ant Bettie 'n huis gebou – met 'n badkamer en toilet – en plase bygekoop waar sy seuns eendag met karakoele kon boer. Later het hy ook huise op Aranos gekoop. Elke kind het een gekry.

Toe hulle nog op Cleopatra gewoon het en my ma my op 'n keer gestuur het om iets vir ant Bettie weg te vat, kry ek haar aan die huis se skadukant waar sy na 'n hekellappie en 'n patroon sit en kyk. Sy het 'n verbleikte voorskoot aangehad.

"Ai, ou Billie," vra sy sommer so met die bymekaarkomslag, "wat is 'n 'border'? Ek kan nie verder hekel nie want ek weet nie wat 'n 'border' is nie. Jy is mos darem in die skool." En sy lag so 'n verleë laggie.

Ek was so in standerd drie of vier. Ons het nooit Engels gehoor nie en die onderwysers s'n was maar swak. Amper nie goed genoeg om rou Kalahari-kinders te leer nie.

"Ek weet nie, antie," antwoord ek, ewe verleë asof ek dit al in die skool moes geleer het – sy dink dan so – en nou vergeet het wat dit is.

"Ag nee, ou Billie! Dink jong, anders moet ek nou hier ophou," sê sy teleurgesteld.

"Nee regtig, antie. Ek weet nie," antwoord ek en is toe ook sommer haastig om terug te gaan huis toe.

Maar voor ek kan groet, sê sy: "Ag nou ja, miskien kom hier eendag iemand aan wat vir my kan sê wat dit is. Dan sal ek maar weer aangaan. Kom, ek gaan maak vir ons lekker koffie."

Sy vou die hekellappie en patroon op en ons gaan sitkamer

toe waar sy die hekelgoed wil bêre. Uit die sitkamer loop 'n deur oos na die kombuis toe, en 'n ander een wes na die slaapkamer toe. Die etenstafel en bypassende stoele staan in die kombuis. Sy bêre die hekelgoed in 'n outydse huisorreltjie se laaitjie in die sitkamer. Sy kon die orreltjie bespeel; sonder musieknote. Maar net geestelike liedere. Dit was al waarvoor 'n huisorrel in daardie dae gebruik is.

Oom Jerry het ook geleer om op gehoor so 'n paar bekende gesange en psalms te speel. Dit het maar stokkerig en sukkel-sukkel gegaan want hy was bang hy trap die pedale stukkend as hy vir lug moet pomp. Hy het gesê sy voete is te groot en swaar. Hy het velskoene sonder sokkies gedra. Niemand het sokkies gedra nie. Jy moes net jou voete gereeld was dat dit nie stink nie. Velskoene sonder sokkies in daardie warm wêreld het gevra vir stink voete.

Die huis het nie 'n plafon nie. Die dak is net sinkplate wat op die balke vasgekap is. Die huis voel soos 'n bakoond. Dié dat ant Bettie buite in die skadu gesit het maar dit was nie beter daar nie want daar roer nie 'n luggie nie.

"Kom ons stap deur kombuis toe, ou Billie," sê sy nadat sy die hekelgoed weggesit het.

In die kombuis is 'n vlieëvanger wat met 'n spyker teen die middelste balk van die dak vasgekap is. Dit is taai gompapier en as jy dit uit die houertjie trek, bly dit effens draai. Die houertjie lyk soos 'n leë haelgeweerpatroondoppie wat aan die punt hang. Dit bly hang om te keer dat die papier terugrol.

Die gompapier in ant Bettie se kombuis is swart van die dooie vlieë. Sy haal dit eers af wanneer daar nie meer 'n oop gomplekkie is waarop 'n vlieg kan vassit nie. 'n Paar vlieë draai lui-lui in die bedompige kombuis rond.

Die petrolkas met die gekapte kameelhout daarin staan langs die stoof. Ant Bettie krap met die stoofyster oor die kolerooster sodat die as in die bak daaronder kan uitval. Toe

177

die kole in die stoof begin gloei, sit sy 'n paar stukkies fyn-hout daarop en begin blaas.

"Kan ek help blaas, antie?"

"Ag, toe maar, ou Billie. Ek kom reg," antwoord sy tussen die blasery deur. Haar gesig is rooi van die hitte en op haar voorkop pêrel sweet.

Ná 'n rukkie begin die hout vlamvat. Sy sit twee dikkerige stukke hout by en maak die stoofdeur toe.

Haar gesig is rooi en heeltemal natgesweet. Dit lyk asof haar gesig geswel is van die stoof se hitte. Sy vee haar gesig met haar voorskoot af, skep met 'n blikbeker water uit die emmer, vat 'n paar slukke en gooi die res in die kastrol op die stoof.

Toe maak sy 'n blik op die kombuisrak oop waaruit die geur van gebrande koffie kom. Sy het dit self gebrand en gemaal. Sy skep 'n opgehoopte lepel van die fyngemaalde, donkerbruin koffie en gooi dit in die ketel. Die geur verdwyn nie toe sy die blik weer toemaak nie. Dit bly in die warm, bedompige huis hang en 'n mens kan dit bokant die reuk van die vars mis-vloer ruik.

Toe sit sy twee enemmelbekers reg; aan die buitekant is dit blou en binne wit. In die vensterbank staan 'n beker wat van 'n Golden Syrup-blik gemaak is. Die gekookte bokmelk is daar-in, onder 'n gehekelde doilie met rooi krale wat soos traan-druppels lyk. Dit staan daar om koel te bly maar daar is nie 'n trek nie.

Ons gaan sit op stoele weerskante van die groot kom-buistafel. Dit is 'n houttafel en die blad is wit en glad omdat dit al baie geskuur is. Ons wag dat die water kook. Ant Bettie se gesig glim maar sy glimlag toe ons na mekaar kyk en sy die sweetdruppels stadig met die punt van haar voorskoot afvee.

Die stilte laat my asem raas. Ek kyk na die gompapier aan die dak en begin die dooie vlieë tel. Dit is 'n onbegonne taak.

Twee vlieë dans in die lug met mekaar en mik na die dooies aan die papier maar skiet weer weg. Nie lank nie, dan is hulle weer daar. Een gaan sit op twee dooie vlieë, vryf sy pote onseker en vlieg weer op. Hy is gelukkig, hy het weggekom. Gou kom sit nog een op die gom; straks dieselfde een. Hy waai sy vlerke maar sy vlerke raak ook aan die gom, hy trek inmekaar en bly sit. Ek tel nog 'n dooie by maar besef ek sal nooit die menigte kan tel nie.

"Slaan jou pa julle baie, ou Billie?" vra ant Bettie onverwags. Haar gesig is ernstig.

"Ja, antie," antwoord ek sag en halfskaam maar sonder huiwering.

"Waaroor slaan hy julle?"

"Ag, sommer oor alles. As ek en Boetie net na mekaar kyk, sê hy ons baklei en dan slaan hy ons. En party keer as ons by die lammerooie is, kom hy daar aan en sê hy sien deur die verkyker hoe speel ons. En kyk waar loop die ooie oral! Dan slaan hy ons."

"En jou ma?" vra sy.

"Nee, antie. Sy slaan ons nooit."

"Wat maak sy as jou pa julle slaan?"

"As sy by is, keer sy. Maar hy slaan ons die meeste kere as sy nie by is nie." Toe begin ek huil.

Die water op die stoof kook.

"Ja, ou Billie," sug sy en staan op asof sy moeg is. Sy gooi die kookwater in die ketel.

Ná die koffie 'n rukkie getrek het, skink sy dit deur 'n siffie om die moer op te vang.

"Jy hou mos van room?"

"Ja dankie, antie."

Sy skep die dik roomskil wat bo-op die melk lê in my beker. Toe gooi sy vir my lekker baie suiker in die koffie. Ek weet sy is ook lief vir die room.

Ons drink ons koffie in stilte. Net af en toe blaas een van ons in ons beker voor ons nog 'n slukkie neem. Ant Bettie se oë bly op die stoof maar wanneer sy af en toe in my rigting kyk, glimlag sy.

'n Hele ruk ná daardie dag is ek toevallig weer by oom Jerry-hulle toe sy stiefbroer Jors Strauss met 'n kar en muile daar aangery kom. Hy is 'n stoker op die spoorweë in die Unie en het 'n bietjie vir die familie op Alexandria kom kuier. Hy is op Komatipoort gestasioneer en stook daarvandaan die trein Rhodesië toe tot in Salisbury. Oom Jan, oom Jerry se pa, het vir hom die kar en trekgoed gegee om na oom Jerry-hulle toe te ry.

Ná daar oor en weer na mekaar se welstand verneem is en 'n bietjie oor die familie aan beide kante gepraat is, sê ant Bettie: "Jors, sê 'n bietjie vir my wat is 'n 'border'." En met dié haal sy die hekellappie uit die huisorrel se laaitjie waar sy dit daardie keer gebêre het. "Dit staan hier op die Engelse patroon."

Daardie dae het ons nie van grensdrade gepraat nie. Dit was lyne. Daar was ook nie 'n grens tussen Suidwes en Betsjoeanaland nie maar 'n lyn. Ek dink dit is na aanleiding daarvan dat die plase nog nie toegekamp was nie. 'n Man het na die lyne op sy plaaskaart gekyk, die hoekbakens gesoek en só vasgestel waar sy plaas van etlike duisend hektaar lê.

"O!" lag Jors skamerig. "Ek is nie seker wat dit op 'n patroon beteken nie. Is dit dalk 'n lyn?"

Ant Bettie trek haar gesig op 'n plooi, straks om te sien waar sy laas aan 't hekel was, en kyk na die patroon. "Nee, Jors. Dit kan nie 'n lyn wees nie. Hier is nie lyne op die patroon se prentjie nie." Sy wys toe ook sommer die prentjie vir Jors.

"Dan weet ek nie," sê Jors. "Maar daar anderkant Komatipoort waar ons oor die lyn Salisbury toe gaan, is 'n groot bord waarop 'border' geskryf staan."

'n Rukkie is dit stil. Ons kyk na mekaar.

Toe lag oom Jerry. Ons kyk verbaas na hom, en na mekaar, maar eintlik meer na Jors. Wat is dit wat hy gesê het waaroor oom Jerry nou so lekker lag?

"Dit is die grens!" sê oom Jerry.

Ant Bettie ondersoek weer die hekellappie en die patroon.

"Ja!" sê sy met 'n hemelse uitdrukking op haar gesig. "Dit stem. Dit is die rand! Nou hoekom het jy nie geweet toe ek jou anderdag gevra het nie?" vra sy vir oom Jerry.

"Ek hoor dit dan nou eers by Jors."

"Jy't dit g'n by hom gehoor nie. Hy sê dan dit is 'n lyn," sê sy aanvallend.

"Ek het twee en twee bymekaargesit," antwoord hy met sy kenmerkende glimlag.

En so is die probleem van die hekelpatroon se "border" uiteindelik opgelos.

Toe oom Jerry en ant Bettie in die grashuis gaan bly het, het ek party keer na hulle toe geloop. Dit was omtrent agt myl oor die duine soontoe. Daar was nie 'n pad van ons af na hulle toe nie. Met net die gesigseinder rondom my, moes ek deur die veld en oor die duine loop maar ek het nooit verdwaal nie. Ek het darem hier en daar 'n groot araboom op 'n duin of 'n versamelvoëlnes wat aan 'n kameelboom in party van die strate hang, as rigtingwysers in my geheue ingeprent.

Vandag boer die jongste seun Dirk voltyds op die grond. Hy het vir 'n hele paar jaar op Aranos, 'n katspoegie van sy huis af, skoolgehou.

Party keer droom ek nog dat ek daar van Wilheben af oor die rivier stap. Oos, die Kalahari in. Soms ry ek met 'n donkiekar. Ander kere ry ek met 'n motor maar meestal is ek te voet. Oom Jerry se plaas lê oos van Wilheben.

Ek droom nooit ek stap wes nie. Dit was die rigting waarin die grootste deel van Wilheben se grond oor die duine strek en dit is waar my spore van jare agter skaap aan loop, lê. Nee, ek stap net oos.

En hoewel ek nooit by hulle uitkom nie, want ek verdwaal tussen die duine, weet ek ek stap na oom Jerry en ant Bettie toe, al is hulle albei al dood.

ANT JOHANNA VAN OOM WESSEL

Die nooi van Brandvlei, daar ver in die Karoo, het met haar minsame geaardheid 'n bestendige invloed op ons almal daar rondom Cleopatra gehad. Sy het met 'n glimlag in die Nossob aangekom daardie keer toe my pa en ma vir hulle die bruilof op Wilheben gehou het. Die glimlag het op haar gesig gebly. Sy was 'n kalm, rustige mens en sy het vir vrede geleef. En dit was om verbasing te kenne te gee en nie om jou aan te spreek nie as sy die dag sê: "Sônne!"

Sy was sterk op die geestelike ingestel. Sy en oom Wessel het ver met die perdekar gery om 'n biduur by te woon, wat nogal algemener geword het vandat sy op Cleopatra kom woon het. Oom Stoffel Binneman het die meeste van die bidure gelei.

Hoewel sy en oom Wessel lidmate van die NG Kerk was en dit sterk ondersteun het, het hulle gereeld die AEB-byeenkomste by oom Steppie van Wyk op Matru gaan bywoon, maar dit was bloot ter wille van goeie buurskap en hul eie geestelike versterking, nie juis uit simpatie met die AEB's nie. My pa het dit afgekeur en ant Johanna was nogal gevoelig daaroor. Dit het haar egter nie daarvan weerhou om voort te gaan met die gebruik wat onder haar invloed, só het my pa geglo, posgevat het nie. Sy het agting vir my pa gehad en hom as Boetie aangespreek. Boetie, my broer, was Hannes vir haar. Dit het toe gaandeweg my broer se naam in die kontrei geword.

Ant Johanna kon baie mooi bid. Sy het gewoonlik ook ingesit wanneer daar gesing word. Oom Wessel het haar sterk ondersteun met sy mooi stem want hy het mos in sy jong dae in oom Stoffel se koor gesing. Ant Johanna en oom Wessel het baie mooi by mekaar gepas en was baie gelukkig. En al was sy soveel jonger as oom Wessel, het hy tog sterk op haar ge-steun. Wanneer hulle oor iets moes besluit, het hy gevra: "Wat sê Mamma?" Dan moes sy sê wat die besluit is.

Oukersaande moes ons op haar aandrang bymekaarkom om hallelujaliedere te sing. Dan kom sy en oom Wessel en oom Jerry-hulle na ons toe op Wilheben. Partykeer het oom Steppie-hulle ook gekom. Almal het met donkiekarre gery. Dit was nie ver nie, behalwe vir oom Steppie wat so sewe en 'n half myl ver moes kom en dan die nag in die donker moes terugry.

Oom Jim en Ou Mies het nie gekom nie. Hulle het aan 'n Engelse kerk behoort maar g'n diens bygewoon nie want daar was nie so 'n kerk binne 'n omtrek van 100 myl in die om-gewing nie. Oom Koot-hulle het ook nie gekom nie want hul-le was nie juis kerkmense nie.

My pa maak 'n vuurbal vir die geleentheid. Hy maak dit van ou goiingsak en elke laag wat bykom, is goed met draad vasgedraai. Die drade word aan mekaar vasgewoel sodat die bal nie sommer uitmekaarval as die een laag na die ander tot as verbrand nie. Die vuurbal moet die hele aand hou want ons het nie klappers nie. Dit is oorlogstyd.

Die vuurbal, wat 'n raps kleiner as 'n sokkerbal is, word dan 'n paar dae lank in 'n mengsel van ou motorolie en paraf-fien laat lê om deurweek te raak. Dan sit my pa 'n draad-handvatsel aan die bal waarmee dit rondgeswaai kan word.

Ant Johanna neem die leiding wanneer ons sing. Ons staan buite teen die muur aan die oostekant van die huis onder die helder sterre en sing. Ons sing gewyde liedere tot eer van die

Here wat vir óns gebore is. Ons voel die besonderse stemming aan waar ons by kerslig sing en vreemde skadu's oor ons gesigte val. En wanneer jy 'n lied opgee, fluister jy feitlik uit respek vir die oomblik. Ant Johanna gee die versies wat gesing moet word op en praat sag en rustig om nie die gewyde atmosfeer te versteur nie. Maar gewoonlik sing ons sommer die hele lied. Ons ken feitlik elke lied se woorde uit die kop.

Ons sluit af met *Stille nag, heilige nag*. Dit is meer as gewyde oomblikke. Dit is heilige oomblikke vir almal van ons.

Wanneer ons klaar gesing het, sluit ant Johanna af met 'n gebed wat sag oor haar lippe rol, asof dit diep uit haar siel kom. Dan bring my ma kleinkoekies wat sy self gebak het en lemoenstroop wat sy self gemaak het. Teen hierdie tyd is dit al goed donker en 'n stemming van afwagting heers.

My pa trek 'n vuurhoutjie en staan feitlik eensklaps met 'n bal vlamme in sy hand wat sy gesig spookagtig verlig. Hy swaai die vuurbal bokant sy kop dat die vlamme suis. Dit lyk asof hy in 'n vlammende sirkel staan. Dan slinger hy die vuurbal in die lug op. Die bal trek met 'n vlammestert die donker in en val met 'n groot gesuis en 'n nóg langer stert terug grond toe dat die vonke spat. Die honde soek al tjankend en blaffend skuiling.

Dan vat oom Jerry, wat baie sterk is, die vuurbal en slinger dit tot bokant die sterre – só lyk dit want duisende vonke dryf soos 'n gordyn in die donker weg en verdof die sterre se lig. Ons snak na asem en klap hande vir die skouspel. En hoe langer die vuurbal brand en op die grond val sodat die goiingsak losskud in die draad, hoe meer word die vonke. Later lyk dit asof 'n mens dit met emmers in die lug uitgooi.

Wanneer die vuurbal uitgebrand is, is dit tyd vir almal om huis toe te gaan. Maar by een geleentheid het my pa 'n groot verrassing vir ons gehad. Die oorlog – wat ons vir alle tekorte geblameer het – het vir die verrassing gesorg. My pa het 'n paar "tracers" by 'n skietoefening bekom en toe die pret met die vuurbal verby was, het hy dit die een na die ander met die .303 afgeskiet. Elke "tracer" het met 'n geelrooi ligspoor in 'n boog deur die donker getrek. Niemand van ons het dit voorheen gesien nie. Dit was pragtig.

Oom Jerry het gesê 'n koeël trek ook so met 'n boog deur die lug as jy na 'n springbok skiet. Ek kon nie verstaan hoe 'n koeël met 'n boog kan trek as jy reguit na 'n springbok korrel nie. Ek het gewonder hoe weet hy dit want 'n mens kan mos nie in die dag 'n koeël met jou oog sien nie.

Ek en Boetie kry in hierdie tyd gereeld malaria. Dan is ons baie siek en lê ons ylend van koors wat ons liggame skroei en ons kragte afbreek. My pa sit dan die skooldonkies se spankouse aan en jaag hulle veld toe want hy weet ons sal nie gou weer ry nie.

Wanneer ons so siek is, sit ant Johanna sommer 'n hele dag lank by ons. As sy aankom, sit sy die koorspen in ons monde, neem die lesing noukeurig en voel daarna kort-kort aan ons gloeiende gesigte. Sy sit nat asynlappe op ons voorkoppe en hou om die beurt ons hande vas. In 'n sagte, kalmerende stem vertel sy vir ons hoe jammer sy is dat dié siekte ons beetgeneem het. Dit is al. Niks meer nie want ons het nie medikasie nie.

Ons het die malaria opgedoen toe my pa agter die karakoele aan, van Texas langs die Nossob, weggetrek het na Kauchas langs die Visrivier.

Die Visrivier het baie kuile en fonteine gehad sodat daar dwarsdeur die jaar staande water was waarin die muskiete kon broei. My eie ma is daar aan malaria dood en sy is op Kub begrawe.

Ná my ma se dood het my pa weer teruggetrek Nossob toe. Ons het met malaria daar aangekom. Eers toe ek volwasse was, het ek besef dit was waarskynlik my ma se vroeë dood wat my pa om die een of ander rede teenoor ons laat verhard het. Die een oomblik het sy aan ant Nellie geskryf en geen melding daarvan gemaak dat sy siek is nie. Drie weke later is sy begrawe. Swartwater. Dit was seker te skielik vir my pa. Daar het hy gesit met drie kinders – die jongste net 13 maande oud – sonder 'n ma.

Swartwaterkoors – só genoem omdat jou niere verstop raak en jou water 'n swart kleur kry – is die uiterste graad en laaste stadium van malaria wanneer die liggaam so verswak is dat dit geen weerstand meer kan bied nie. In daardie dae was daar feitlik niks wat jou van die dood kon red as swartwaterkoors eers ingetree het nie. Die liggaam hou niks binne nie, nie eens water nie, en verswak die niere verder. Dehidrasie vererger die toestand en jaag die koors op.

In daardie dae het ons net kinapille gedrink om die malaria in ons koorsige liggame teë te werk. Maar in die oorlogstyd kon ons glad nie kinapille kry nie. Ons het gehoor die Japannese het die Hollanders se eilande in die Ooste verower. Daar het kinabome gegroei en kina word van die bas van hierdie bome gemaak.

Ant Johanna het altyd gesê sy bid dat die Here ons gesond moet maak want ons het nie meer kina nie, ons moet net glo. Ek het nie geglo ek sal gesond word nie en was bang ek gaan dood soos my ma.

Ek weet nie of dit die verskriklike hoofpyne was, die lusteloosheid of sommer net die alleen wees van soveel kere daar in my siekbed nie, maar ek was baie keer sommer gou in trane. Eenkeer was ant Johanna weer by my toe ek saggies begin snik terwyl die trane sommer oor my gloeiende wange begin rol.

"Wat is dit, ou Billie?" vra sy besorg terwyl sy my hand vryf.

Ek weet nie eintlik wat om te sê nie want my vrees vir doodgaan wil ek met niemand deel nie. Maar toe ek my kom kry, is dit uit.

"Ek wil nie doodgaan nie," snik ek.

Ant Johanna trek haar asem vinnig in, trek my effens orent en slaan haar arms om my koorsige liggaam.

"Ag nee, ou Billie, jy moenie aan so iets dink nie. Ons is lief vir jou en bid dat die Here jou gesond sal maak."

Die snikke ruk steeds deur my liggaam.

"Sjuut, sjuut ..." probeer sy my kalmeer en druk my nog stywer vas.

In my kindergemoed voel dit asof niemand nog ooit so besorg oor my en so lief vir my was nie. My snikke bedaar nie gou nie.

Ons hét gesond geword. Boetie het nog 'n jaar of twee, drie malaria gekry en toe nie weer nie. Die malariaparasiete in hom het gesterf. My siekte het aangehou en party jare was ek tot drie maande uit die skool.

Ant Johanna het altyd vir my en Boetie geestelike kinder-boeke gebring. Waar sy dit gekry het, weet ek nie maar sy moes moeite gedoen het. My pa het tog 'n keer vir my ma gesê dat dit seker boeke is wat deur die AEB's versprei word maar hy het nie omgegee dat ant Johanna dit vir ons bring nie.

Meestal was dit boeke wat sterk vermanend oor geslags-drange gehandel het. Een so 'n boek se titel was *Selfbevlekking*. Party keer het ek gewonder of daardie boeke nie juis die emosies versterk het wat dit veronderstel was om te beteuel nie. Hoe sorg jy dat 'n seun wat al melkbaard begin kry, sy hande agter sy rug hou?

In 1944, toe ek in standerd vyf was, het ek weer 'n baie ernstige malaria-aanval gekry. Ant Johanna het daar by my op Wilheben gewaak. Sy kom los my ma af wat dag en nag geen rus kry nie want my liggaam hou niks binne nie. Wat ek nie opbring nie, borrel onder uit.

Wanneer die koors by tye breek en ek 'n oomblik van helderheid beleef, sien ek ant Johanna voor my bed sit. Haar oë is toe en haar lippe roer. Een besondere dag onthou ek goed want sy het 'n swart rok gedra nadat sy lankal uit rou was oor haar eerste babadogtertjie wat dood is. Ek het eers later besef sy wou miskien in haar rourok op 'n besondere manier oor my met die Here praat; sy, wat geweet het wat die dood van 'n kind beteken.

Sonder kina het malaria 'n krag van sy eie. Hy breek jóú eerder as dat jy hóm breek. Miskien het ant Johanna gedink aan my ma, wat aan malaria dood is, terwyl sy so in swart daar voor my bed gesit en bid het. Ons kina was lankal op.

Dit was die laaste keer dat ek ernstig siek was. Die krag van gebed is sterker as malariakoors.

Ek het daarna nog wel feitlik elke jaar 'n aanmaning van malaria gekry, met koors en hitte en sweet. Dit het so drie dae geduur maar dan breek die koors en binne 'n dag of wat was ek weer op die been. Ek het hierdie aanmanings gekry tot ek 30 jaar oud was. Eers tóé het die malariaparasiete in my bloed gesterf.

Maar ant Johanna se biddende beeld het nie net na my teruggekom wanneer ek so 'n aanmaning gekry het nie. Ek sien haar vandag nog so.

BESKERMENGEL

Oom Danie Roux was lank en maer. Hy het halfkrom gestaan asof hy altyd pyn op die maag het. Sy vrou ant Wiesa was kort en klein met 'n pikswart bolla agter haar kop. Oom Danie was grappig en het 'n vriendelike gesig gehad. Ant Wiesa was sedig en ook vriendelik maar dit het altyd gelyk asof sy skaam kry wanneer sy lag.

Hulle was van Leemetford, 'n buurplaas aan die agterste deel van ons grond, en moes omtrent tien myl ver oor die duine kom om by ons te kuier. Hulle was goeie vriende van ons maar jy span nie sommer jou donkies in om tien myl heen en terug oor die duine te ry nie, jy bly liewer by die huis behalwe as dit noodsaaklik is. Ons het mekaar dus eintlik baie min gesien. Nietemin kom ry hulle op 'n dag met 'n kar en ses donkies by ons aan.

Dit was vyetyd. Ek was die enigste kind by die huis. Boetie was in die veld agter die skape saam met die Ovambo.

Sommer kort ná daar oor en weer gegroet is en voor ek die wyk kon neem, vra my pa: "Ou buurman, het jy 'n hol ding vir vye gebring?"

"Ek het 'n petrolkas," antwoord oom Danie halfverleë. Dalk omdat hy gedink het dit is darem 'n groot hol ding as 'n mens vye present kry. Of miskien het hy gemeen my pa dink dit is al waarvoor hulle gekom het.

"Gee dit vir Billie," sê my pa terwyl hy in my rigting kyk. "Pluk die kas sommer lekker vol, gehoor?"

"Gehoor?" uit my pa se mond beteken dis 'n streng opdrag, dit weet ek!

"Moet ek nie gaan help nie?" wil oom Danie verskonend weet en sy glimlag wyk effens.

"Haai nee, dit is darem te erg," keer ant Wiesa. En ek weet nie wat te erg is nie: dat ek alleen die vye moet gaan pluk of dat dit 'n kas vol moet wees.

"Kom nader dat ons kan koffie kry," nooi my pa en daarmee is die saak afgehandel.

Ek was nie dié dag lus om vye te pluk nie en, laat ek dit nou maar sê, vies omdat my pa nie wou hê oom Danie moes my kom help nie. 'n Petrolkas is mos verdomp groot, het ek gedink. Ek loop brom-brom gronddam toe waar die vyebome teen die wal staan.

"Vir wat moet hier alewig mense aankom vir wie vye gepluk moet word?" loop ek met myself en praat. Ek sê sommer baie ander dinge ook wat nie noodwendig op oom Danie gemik is nie maar sommer in die algemeen: soos dat ek hoop die vyemelk vreet hul vingers op en laat jeuk hulle waar hul nie graag wil jeuk nie.

Die groot vyebome se baie takke het oor die dam gehang maar ons was versigtig om daarin rond te klim uit vrees dat ons in die water sou val. Die takke was immers lank en slap. Gevolglik het daar dikwels pragtige, ryp vye aan daardie kant van die bome gesit. As ons vir 'n dag of twee nie daar gepluk het nie en my ma kom daar verby, sê sy: "Ek loop nou huis toe. Trek vir julle uit en pluk die vye wat daar oor die water hang."

Sulke tye was dit asof sy 'n oordeel oor ons uitspreek want die vye het dan juis daar gehang omdat ons dit nie graag wou pluk nie. Ons het nie omgegee om af en toe in die water te val nie maar met vyemelk oor jou kaal lyf het die gejeuk ure aangehou al het jy jou hoe goed in die dam gewas.

191

Dié dag met oom Danie en ant Wiesa daar loop ek by myself en sê: "Ek sal g'n uittrek en in die water gaan staan of kaal in die boom klim nie. Ek gooi liewer 'n klomp halfryp vye in die kas."

Met dié dat ek nie in die water wil gaan staan om vye te pluk nie, klim ek taamlik hoog in ander dele van die bome rond. Ek gooi die vye in 'n dopemmertjie en wanneer dit vol is, klim ek af en gaan gooi dit in die petrolkas. Op en af, op en af in die bome. Sommer gou drup die vyemelk oor my arms en bene en plek-plek oor my gesig. Ek probeer so lank as moontlik uithou want as jy eers gekrap het, jeuk dit onuithoudbaar en sonder ophou.

Ek was taamlik hoog in 'n boom waar die takke slap en nie so stewig is nie. Ek het wankelrig gestaan en toe ek my uitstrek om 'n paar pragtige, groot vye bo in die top te pluk, gee die tak meteens onder my mee sodat ek deur die takke stort en reg op my kop val.

Ek hoor my nek kraak en voel die skok deur my liggaam ruk. 'n Duisend sterre flits voor my oë en daar is 'n kruitreuk in my mond en neus. Die slag op my tande is so hewig dat dit voel asof my tande in my kakebene ingestamp word. Toe word dit donker, baie donker. Dit voel asof ek in 'n kombers toegerol word en asof daar 'n swaar kussing op my kop is.

Die donkerte het gelukkig net 'n kort rukkie geduur. Ek het na my asem gesnak asof ek nie genoeg kon kry nie. Toe het ek opgestaan en met 'n hewige hoofpyn huis toe gestap.

By die huis aangekom, kry ek my ma in die kombuis, besig om vir 'n tweede keer koffie te maak.

"Is jy klaar? Dit was vinnig," sê sy toe ek by haar kom staan, sonder om juis in my rigting te kyk want sy werskaf met die koffiekan by die stoof.

"Ek het uit die boom op my kop geval," antwoord ek bedremmeld. "My kop is verskriklik seer. Ma moet asseblief vir my 'n pilletjie gee." Ek het my kop weerskante vasgehou.

"Kyk hoe lyk jy! Jy is so wit soos 'n laken," sê sy besorg toe sy na my kyk en haastig die kombuisdeur toestoot sodat die ander mense nie moet hoor nie. "Hoe het dit gebeur?"

"Die tak het gebreek," antwoord ek bedees.

Sy staan nader en bekyk my kop. "Jy is tot op jou kopvel vol sand. En jy het vir jou 'n bult so groot soos my hand uitgeval. Maar die vel is darem nie stukkend nie. Waar het jy oral seer?"

"Net my kop pyn."

Sy voel en druk versigtig aan my nek. "Kry jy seer?"

"Niks nie."

"Beweeg jou kop stadig en versigtig heen en weer. Vorentoe en agtertoe ook."

Terwyl ek doen wat sy sê, kyk sy angstig na my. "Hoe voel dit?"

"My nek voel effens styf, maar nie té seer as ek dit draai nie."

"Hou jou hande reguit voor jou met jou vingerpunte teen mekaar."

My hande bewe nie.

"Seker maar 'n bietjie harsingskudding," besluit sy merkbaar verlig.

Ek weet nie eintlik wat harsingskudding beteken nie en wonder of dit iets ernstigs is want my ma lyk dan die hele tyd so bekommerd.

"Gaan lê 'n rukkie op jou bed. Ons sal 'n bietjie later self die vye gaan pluk."

Toe voel dit vir my of ek iets ernstigs oorgekom het want om op my bed te moet lê terwyl my ma-hulle self vye pluk, is ongehoord. Ek kan dit amper nie glo nie.

"Daar is so 'n halwe kas," sê ek terwyl ek aanstap.

"Dit is ook al genoeg. Ek bring vir jou 'n pilletjie."

Ek het die pil gedrink en daar op my bed aan die slaap geraak. Toe ek later wakker word, gee my pa vir my 'n sikspens wat oom Danie vir my gelaat het. Dit is baie geld want my pa se broer, oom Kolie op VanDeVenter, verkoop vye teen 100 vir 'n sjieling.

Later het ek eers besef die kanse dat ek my nek kon gebreek het, was feitlik honderd persent. Maar in psalm 91 vers 11 staan daar geskrywe: *Hy sal sy engele opdrag gee om jou te beskerm waar jy ook al gaan.*

VAARWEL, ARAHOAB

Daardie laaste dag in Desember 1945 toe ek by die standerdsesklas se deur uitstap, het ek nie hartseer in my gehad nie, net angs en onsekerheid.

Ek sou Swakopmund toe moes gaan vir standerd sewe. In Januarie van die volgende jaar sou ek 15 jaar oud word, wat nie té sleg was nadat ek eers op agt jaar in die skool gekom en standerd vyf gedruip het nie. Nietemin het ek binne sewe jaar van sub A tot standerd ses gevorder, pleks van die normale agt jaar.

Ek het onthou hoe ek huis toe verlang het toe ons nog in Gobabis in die skool was, voor ek en Boetie met die donkies na Arahoab se skool toe begin ry het. Elke keer moes ek ses maande lank wag dat die dae verbygaan sodat ek weer huis toe kan gaan. Ek het onthou hoe ek gehuil het wanneer die skool weer begin en ons van die huis af ry. En ook wanneer ek op die bak, in die hoek agter die kap van oom Frans van Rensburg se smouslorrie sit en kyk hoe my pa wegry van Pretorius af nadat hy ons daar afgelaai het.

En nou moet ek weer vir ses maande op 'n keer van die huis af weggaan. Dit is 'n lang tyd om Boetie nie te sien nie. Hoe sal hy alleen regkom agter die skaap aan as ek hom na-weke en die kort vakansies nie kan help nie? Dit voel asof ek verskriklik lief is vir die skape, die duine, die veld en die warm dae wat ons so dors maak dat ons na water smag. En ek sal nie gou weer saam met die honde agter 'n steenbok kan aanhardloop nie – al is my saamhardloop net om hulle van 'n afstand af aan te moedig sodat hulle alles wat hulle het, kan uithaal. Hoe sal ek dit alles nie mis as ek op Swakopmund moet gaan sit nie?

En meneer Beukes sê ons drie wat verder gaan leer, moet onthou hulle gaan vir ons in die koshuis doop. Die enigste soort doop wat ek ken, is in die kerk en dit is nie waarvan meneer Beukes praat nie. Nooit was daar so 'n soort doop op Pretorius, Gobabis en Arahoab waar ek skoolgegaan het nie. Soos hy dit beskryf, laat dit my aan boelie dink. Ek onthou hoe ek op Pretorius in die koshuis, agter die hoë kop – deur seuns wat veel groter as ek was – geboelie is en hoe ek as gevolg daarvan my bed natgemaak het.

En meneer Beukes sê jy moet jou nie teësit nie want dan werk hulle jou gal vir jou; laat hulle doen wat hulle wil, speel saam! Maar hoe kan jy saamspeel as jy jou net moet laat rondgooi en rondstamp en laat bespot? Waar kom die saamspeel in?

Die ander twee wat saam met my verder gaan leer het, is Daantjie Steenkamp en Kosie Viljoen maar hulle sou Unie toe gaan. Ek meen hulle is Kanoneiland toe, daar naby Upington. Toe Daantjie klaar geleer het, het hy teruggekom en boer vandag daar langs die Nossob waar hy 'n gesiene persoon is. Die Nossob verloor nie graag sy seuns nie.

Voor ons het nog net drie ander in die bestaan van Arahoab se skool verder gaan leer. Dit was Freek Ludeke, Salmon Beukes en Coen Brand.

"Ander skole het rugbyhelde en atletiekhelde," sê meneer Beukes daardie laaste dag in sy koshuiskamer vir my, Daantjie en Kosie. "Arahoab het nie sportspanne nie. Maar hy het skoolhelde, al hang daar nie 'n foto van een van hulle in 'n klaskamer nie." Hy hou Coen, Salmon en Freek aan ons voor. "Die skool is trots op hulle. Julle drie sal ook skoolhelde word. Julle moenie die skool se naam gaan weggooi nie." Dit maak my eerder bang as trots. Sê nou net ek kom nie soos Coen, Salmon en Freek deur my standerds nie?

En vir die eerste keer sê hy ons moenie met meisies gaan lol nie, veral nie op die trein nie. Op die trein vind allerhande onheilige dinge plaas en netnou word ons uit die skool geskors, en wat 'n skande sal dit nie vir ons ouers wees nie!

Al die voorligting vir hierdie nuwe uitdaging is toe gegee. Binne 'n halfuur. Ons groet mekaar met die hand. Kosie is na sy pa se donkiekar toe en Daantjie na sy pa se bakkie toe wat daar gewag het.

My pa se motor het gebreek en ons het nie 'n donkiekar waarmee hy my kan kom haal nie. Sarel van Zyl en sy jongste boetie Kobus het nog met donkies van Cambridge af skool toe en terug gery. Ek het 'n paar dae vantevore berig ontvang dat ek saam met Sarel agterop sy donkie tot op Cambridge moet ry en daarvandaan die laaste drie myl huis toe moes loop.

Sarel en Kobus het daardie laaste skooldag nie hul donkies gespan sodat hulle kon gaan wei nie maar by die skool aan 'n boom vasgemaak om dadelik te kan ry wanneer die skool sluit. Hulle wag vir my by die donkies terwyl meneer Beukes ons die leviete voorlees.

Toe ek van meneer Beukes af wegstap, loop vat ek my tas in die koshuiskamer. Daar is nie ander kinders nie. Almal is al weg. Die kamer is kaal en leeg. Dit lyk nog meer verlate met die klapperhaarmatrasse op die swart ysterkatels. Op party lê die bruin kolle bo-oor mekaar soos die matrasse al baie keer natgemaak is. Dit is 'n aaklige gesig en omdat die vensters die oggend reeds gegrendel is, ruik die kamer bedompig. Ek stap haastig na buite en haas my na Sarel-hulle toe. My tas is klein en lig.

By die boom waar Sarel en Kobus vir my wag, klim ek

agter Sarel op sy donkie. Die donkie, wat nie oogklappe aan-het nie, hou sy lyf die eerste paar tree skuins, soos 'n krap, vir die tas in my hand wat langs sy lyf hang. Maar later raak hy dit gewoond en ons ry gemaklik verder.

Af met die kalke, deur die breë, droë rivier en teen die oor-kantste kalke uit met die voetpaaie wat die skooldonkies oor die jare daar uitgetrap het. Kortpad Cambridge toe, al voor die punt van die duine verby waar die Nossob se vloedwaters van vroeër deurgebars het. Aan die oorkant van die rivier het die ander punte omtrent twee myl weg gelê.

Die rosyntjiebessies word al ryp. Waar dit rooierig aan 'n bos begin skyn, hou ons stil en pluk. Dit is nog vrank maar ons eet hande vol want enigiets wat 'n soetigheidjie is, is by die huis maar skaars.

Langs die twee voetpaaie waarin Sarel en Kobus se don-kies loop, lê ook die twee voetpaaie wat ons donkies oopge-trap het in die drie jaar dat ek en Boetie saam met Jol en Sarel gery het. Maar plek-plek begin dit toegroei. Ek dink terug aan die drie jaar toe dit gevoel het asof koudkry op 'n donkie se rug in die winter, sonbrand in die somer, wegloopdonkies en dorsly op hul spore vir ewig gaan aanhou.

'n Harde kol kom lê skielik op my maag en ek weet dit is nie van die rosyntjiebessies nie.

Ek en Sarel is nie te swaar vir sy donkie nie want nie een van ons is stewige knape nie. Maar onder die wolklose hemel van die Desembermiddag begin die donkie sommer gou stam-perig stap asof hy moeg word. Ons ry die hele pad net op 'n stappie. Die son wat van bo brand en die hitte wat uit die sand opslaan, laat die donkie sweet. Dit brand in die waai van my bene. Ek kyk na die voetpad waarin my skooldonkie drie jaar lank gestap het en ek weet die herinnering het in my vasge-groei. Iets waaraan ek eens 'n renons gehad het, is nou iets om aan vas te hou.

Ek kyk nie net vorentoe nie, ek draai ook om om te kyk op die voetpaaie waarlangs ons gekom het. Hoekom is dit so swaar om daarvan af weg te ry? Hierdie vier donkiepaadjies lê hier omdat ons dit oopgery het, dink ek. Nou is dit ook vir my die laaste keer. Dit voel asof iets wat nog moet aanhou, hier op die donkies se spore agterbly en in die sand bly lê.

Skielik is dit te veel vir my. Op die donkie se kruis, agter Sarel se rug, probeer ek hard om my emosies te verberg sodat Kobus dit tog nie moet sien nie. Dit is mos net 'n sissie wat trane in sy oë kry.

Ek kyk oor die kalkrantjies wat af rivier toe strek, na die landskap wat ek so goed ken. En toe is dit asof die natuur vir my 'n afskeid wil gee.

Koedoes was maar skaars daarlangs. Net 'n bul en een of twee koeie op 'n keer is af en toe in die rantjies langs die rivier gewaar. En skielik, tussen 'n paar t!noeniebome, sien ons 'n klompie koedoes staan. Hier en daar beweeg 'n kop en 'n paar groot ore. Hulle smelt volmaak met die vaal kalkheuweltjies en die grys stamme van die t!noeniebome saam. Ons sit 'n hele rukkie en rondkyk om te sien hoeveel daar is en tel twee kalwers en drie koeie. Toe word hulle bang vir die stilte en nie minder nie as sewe koeie en vier kalwers spring tussen die bome uit. En 'n manjifieke groot bul sowel as 'n jonge. Die punte van die groot bul se horings glim in die middagson soos hy met kragtige hale oor die bosse spring om van ons af weg te kom. Dit lyk asof die bul se horings 'n rukkie aan die horison hang voor hy met 'n reusesprong uit my gesigsveld verdwyn.

Kort-kort kry ons 'n klompie springbokke wat met stywe bene spring en wit pronke weghardloop. Twee gompoue vlieg met swaar vlerkslae naby ons op; so vet dat hulle laag oor die bosse hang en sommer gou weer gaan sit. Toe onthou ek oom Jerry het gesê as 'n pou so vet is dat hy skaars kan opkom en só laag vlieg, vang jy hom maklik met 'n ryperd.

Op Cambridge gee die tannie vir my 'n lekker groot enemmelbeker vol dikmelk. Terwyl ek drink, laat oom Koot die donkiekar inspan. Ek dag hy wil veld toe ry en hy wag dat ek hom kom groet want ek sal hom seker nie gou weer sien nie. Maar toe ons klaar dikmelk gedrink het, sê hy Sarel moet my met die donkiekar huis toe vat. Ek is baie dankbaar dat ek nie in die bloedige son my tas die drie myl Wilheben toe hoef te dra nie. Oom Koot was altyd goed vir my. Ek huil byna toe ek hom bedank.

Standerd ses was in daardie dae 'n openbare eksamen wat in die Unie nagesien is. Ses weke later het ek my sertifikaat per pos uit die Kaap gekry.

Vandag nog, wanneer ek met die teerpad van Mariental af Aranos toe oor Cambridge se grond ry, dink ek aan oom Koot se weldaad aan my op daardie laaste skooldag. Ek onthou ook die rit met sy kar en twee geel perde daar van Pretorius af toe hy sy arm om my lyf gesit het. En hoe ek daardie koue wintersaand tussen sy bene, met sy arms om my lyf, voor oom Schalk de Klerk se koolstoof op Nabagais gestaan het om warm te word.

Dan wonder ek steeds waarom my pa soveel anders teenoor ons, sy eie kinders, opgetree het. Hý sou nie 'n donkiekar vir my ingespan het nie.

Ek kan vandag nie Cambridge se huis van die pad af sien wanneer ek met die teerpad daar verbyry nie, maar ek weet presies waar dit lê. Dan wonder ek of die Katolieke, aan wie oom Koot die plaas verkoop het, die huis baie verander het. Ek het gehoor die priester bly in die huis.

Miskien ry ek eendag weer daar aan.

JOHANNA GEORGINA MULLER

Ek het nie genoeg papier om oor haar te skryf nie. Ek onthou my eie ma baie goed, al was ek net vyf jaar oud toe sy dood is. Sy was baie lief vir ons. Al was ek so jonk, kan ek baie dinge goed onthou. Ek kan nie onthou dat my pa ons daardie tyd een keer geslaan het nie.

Maar ek het vir die grootste deel van my lewe net een ma gehad: Johanna Georgina Muller.

Sy was bemind in die kontrei en hartlik en gasvry. Baie jare later, toe ek al van die plaas af en uit Suidwes-Afrika was en Aranos 'n dorp met 'n bank en 'n hotel geword het, het my pa en ma steeds hul gasvryheid uitgeleef. 50 jaar later, in 1998, skryf 'n voormalige bankbestuurder van Aranos, Boet Kroës, soos volg aan my toe hy met my simpatiseer oor haar dood:

Ja, die jare snel verby en ons dink so baie terug aan die heerlike dae op Aranos. Ek sê altyd vir die mense: Omstandighede was moeilik aan die begin, maar die vriendelikheid van die Suidwesters sal ons nooit vergeet nie. Hoe heerlik het ons nie op Wilheben gekuier nie! En die wonderlike vooruitgang wat die mense op finansiële gebied gemaak het! Ek onthou nog hoe boere begin het met niks en ná 'n paar jaar welvarende mense was. Dit is alles mooi herinneringe. Die hotel waar ons eers gebly het se maaltye was nie baie goed nie en jou moeder het vir ons gebraaide hoenders na die hotel gebring wat ons dan smaaklik in ons kamer geniet het.

Hierdie weldaad was maar my ma se manier om gewone hartlikheid en besorgdheid te openbaar want my pa het nooit in sy lewe 'n bankbestuurder nodig gehad nie.

Enkele jong meisies wat daar langs die Nossob wou gaan trou, het eers 'n week lank by my ma kom leer hoe om vrugtekoek te bak en te versier, hoe om lemoenstroop te maak en konfyt te kook en hoe om 'n oggendtee of middagkoffie aan te bied. Hulle moes hul eie bestanddele voorsien, behalwe wanneer dit vye-, tamatie- en waatlemoentyd was want dié was volop by ons en buitendien was dit die enigste tyd wanneer hulle konfyt kon kook. Hulle het gratis by ons gebly en my ma het hulle nie vir die lesse laat betaal nie.

Al was sy so gesofistikeerd dat sy as jong meisie op 4 November 1933 'n tuinfees op uitnodiging van administrateur en mevrou Conradie in Windhoek bygewoon het, kon sy ook 'n slagding uitmekaarmaak en die derms krap om wors mee te stop. Sy kon 'n skaapkop, -pote en -pens krap dat dit so wit soos 'n laken was en die heerlikste afval kook.

Sy kon ook karakoellammers slag en velletjies ooptrek. Maar dit het sy net gedoen as die hande regtig te min was.

Sy het koffie gebrand en haar eie seep gekook. Dit was harde werk want dit is buite in die son op 'n oop vuur gedoen. Die bome wat ons geplant het toe ons daar op Wilheben gekom het, het eers baie jare later 'n skaduwee gegee.

Sy kon geelslange en pofadders, wat volop was, met die .22-geweertjie doodskiet.

Die dag voor die sonsverduistering van 1940 het sy die donkerste negatiewe onder haar foto's uitgesoek sodat ons daardeur na die sonsverduistering kon kyk. Sy het ons laat belowe dat ons nie met die blote oog na die son sal kyk nie. Op dié dag het ons naby die houthoop gaan staan. Die hoenders se stellasie was daar naby. My ma wou hê ons moet sien wat die hoenders doen as dit donker word.

Ons kon die verduistering baie mooi sien want dit was 'n wolkelose dag. Die sterre het vir 'n kort rukkie geskyn. Dit was 'n eienaardige, ietwat angswekkende ervaring. Die hoenders het stadig na hulle slaapplek toe gekom soos hulle saans doen en elkeen het sy sit op die stellasie gekry. Ek het geweet die hoenders wonder waarom die nag so kort is want toe dit weer begin lig word, het die haan nog nie drie keer gekraai nie of die henne spring af en begin kos soek.

Ons het 'n groot groentetuin gehad waarvoor my ma baie lief was en sy kon lank op haar hurke sit en onkruid uittrek, terwyl die graaf langs haar lê, om die water in die bedding langsaan te versit wanneer dit vol is. Ons het kraalmis vir bemesting gebruik maar dit het onkruid in jou tuin laat vervuil as jy nie voortdurend jou hand daaraan gehou het nie. Ons moes ook versigtig werk met die toediening want te veel kraalmis het die groenteplantjies gebrand. Kunsmis soos wat 'n mens vandag by kwekerye koop, het ons glad nie geken nie.

Die waatlemoene wat ons uit die tuin gehaal het, was so groot dat ek as tien-, twaalfjarige dit net-net tot op my knie kon lig en daarvandaan tot teen my maag waar ek dit met alle mag vasgedruk het om suutjies daarmee te stap sodat dit nie val en oopbars nie.

Wanneer my pa een oopsny, het ons almal daarvan geëet. Die kroon was soet en bros maar gewoonlik was die waatlemoen so groot dat 'n paar skywe oorgebly het.

"Raai, raai!" het my pa gesê. "So groen soos gras, so wit soos was, so rooi soos bloed, so suikersoet. Wat is dit?"

My ma het ons geprys oor die groot waatlemoene en gesê dit is omdat ons so mooi na die tuin kyk en sorg dat die ystervarke nie die waatlemoene, spanspekke en pampoene opvreet nie. Met tussenposes het ons gereeld in die nag ystervarke doodgemaak want ons het 'n myl weerskante van die tuin gejag. Ons het hulle met houtsparre doodgeslaan. Ons het verkieslik met volmaan gaan jag, want dan kon ons hulle sien. Ons het nie flitse gehad nie en die honde moes die ystervarke opspoor. Wanneer die veld droog was, het die ystervarke snags uit die kalkslote rivier toe gekom om bloudisselwortels en uintjies te kom grawe.

"Julle moet darem weet as die ystervarke uit die veld kom om bloudissels se wortels uit te grawe, ís dit droog!" het my pa altyd gesê. (Bloudisselwortels is verskriklik bitter.) "Dan is dit tyd dat julle snags met oop oë in die tuin moet slaap. Met elkeen se kop op 'n waatlemoen, anders vreet die ystervarke alles voor ons weg."

Wanneer ons so agter die ystervarke aanloop, het ek aan Agarob se storie gedink oor die waterslang wat vir hom 'n ystervark tussen die bloudissels vang en opvreet. Ons het nie gejag wanneer die rivier water het nie want dan was daar nie ystervarke nie – hulle was bang vir die waterslang! Só was dit dan nie nodig dat ek snags langs die vol rivier staan nie want ek sou nie weet of dit 'n perd of die waterslang is wat runnik nie.

Ons het ongelukkig nooit rekord gehou van hoeveel ystervarke ons doodgemaak het nie maar dit was baie.

Ons het ook ons eie koljander en anys geplant. Elke week wanneer daar geslag word, is daar 'n bietjie wors gemaak wat koljander moes kry. Springbokbiltong ook. Vars koljander! Ons het dit met 'n bottel op 'n sementblad gemaal totdat my ma sê dit is fyn genoeg. Dit moes nie poeier wees nie maar ook nie te grof nie.

Só het my ma ons van tuinmaak tot die fyner kunsies van biltong- en worsmaak geleer. Dit is alles dinge waarmee ons in ons latere lewe kon spog. Min mense kon 'n mes uit my hand vat om biltong so netjies soos ek te sny. Tussendeur het sy ook vir ons ordentlikheid, eerlikheid en netheid geleer want sy het self in 'n ruim mate oor al hierdie kwaliteite beskik. En sy het 'n sterk godsdienstige inslag gehad wat sy aan ons oorgedra het om te vergoed vir die gebrek aan gereelde kerkdienste in ons kontrei.

Koljander en anys het nog nooit weer vir my dieselfde geur en smaak gehad as dié wat ons in die warm sonskyn op Wilheben gekweek het nie. Ek het graag 'n kies vol anyssaad soos 'n pruimpie geloop en kou en die sop bietjies-bietjies ingesluk wanneer ek in die tuin moes werk. Dit was baie, baie lekker en vandag nog as ek soethout eet, dink ek aan dié vars anyssaad. Dit was heeltemal anders as die bloe-komblare wat ons party keer móés kou. Wanneer ons saans met die eerste winterkoue gaan slaap het en ons neuse trek toe van die verkoues en dinge, het my ma gesê ons moet bloe-komblare kou. Dit sou sommer ook help om die muskiete wat nog nie dood is nie, weg te hou. Sy het dan gekyk dat ons dit doen. Dan het ons van die jongste blare gepluk want dit was nie so bitter en branderig nie, dit tot 'n dik sop gekou en ingesluk.

Dit het nie vir verkoue en ook nie vir muskiete gehelp nie. Maar daar was nie ander medisyne vir verkoue nie. Die naaste apteek was in Windhoek, 200 myl ver met 'n grondpad. 'n Mens kon darem die bekende Lennon's-middels, waarvan my ma 'n goeie verskeidenheid gehad het, in die winkel op Ma-riental kry, 112 myl ver oor die duine. Maar wie koop nou medisyne vir verkoue wat net in die winter pla? Gelukkig het ons nooit griep gekry nie. Die Kalahari was seker te afgeson-der vir die virusse.

Daar was wel allerlei insekte en plantluise in die tuin, waarvoor ons DDT-poeier gebruik het. Selfs groente wat ons rou geëet het, soos tamaties, blaarslaai en wortels, is daarmee besprinkel. Party keer het dit sommer dik en wit gelê, veral op die blomkool want die luise het ingepak onder die buitebla-re gesit. Dan het my ma gesê ons moet stadig want DDT is skaars en duur. Maar daar was nooit sprake van 'n nadelige uitwerking op ons gesondheid nie. Sover ek weet, het nie een van ons iets daarvan oorgehou nie.

My ma kon my pa baie goed hanteer. Die kere wanneer hy opvlieënd geraak het, het sy kalm gebly en sag met hom gepraat. Wanneer hy ons oor die een of ander ding wou slaan, het sy by hom gaan staan, sy arm gevat en teen haar vasgedruk. Dit het hom laat bedaar terwyl ons 'n kans kry om onder sy oë uit te kom. Dan het ons die hele dag allerhande draaie ver van die huis af geloop.

Dit is grootliks aan haar te danke dat ek ná standerd ses nie soos Boetie skaap in die Kalahari gaan oppas het nie.

"Dit is genoeg dat jy van één 'n skaapwagter gemaak het," het sy gesê toe daar argumente tussen haar en my pa ontstaan het oor die moontlikheid dat ek verder sou gaan leer.

Ná al die jare onthou ek die gesprek so goed asof dit gister gebeur het. Soos gewoonlik het ons weer op die stoepie by die voordeur gesit. Dit was steeds my ma se manier om die gesin saans só bymekaar te bring. 'n Lantern se lig in die sitkamer het dié aand huiwerend oor ons gehang. Boetie was nie by nie, hy het met die skape in die veld uitgeslaap. Miskien het my ma juis die gesprek vir só 'n aand gebêre om haar argument te versterk.

"Ek het nie van Boetie 'n skaapwagter gemaak nie!" het my pa kwaai geantwoord. En toe sê hy ietwat kalmer: "Hy pas my skaap op sodat hy moet weet hoe om eendag na sy eie te kyk. Hoe anders moet hy leer? Onthou, die oog van die baas maak die skaap vet."

Miskien het my pa 'n goeie saak gehad. Om skape op te pas, was deel van ons opvoeding in die Kalahari. Dit was 'n belangrike en waardevolle leerskool vir jou latere lewe. Dit was deel van ons kultuur. Hoe sou jy anders weet om 'n trop skaap te laat wei dat elkeen sy pens elke dag vol vreet, of hoe sou jy weet om met skaap om te gaan wanneer die droogte jou vat?

My pa se geloof dat die oog van die baas die skaap vet maak, en dat dit die rede was waarom ek en Boetie skaap moet oppas, het vir hom vrugte afgewerp want hy het in 1937, die eerste motor van die kontrei gekoop.

"Billie moet gaan leer," het my ma volgehou en in die skemer van die lantern kon ek sien sy kyk vasberade na my pa.

"Hier is twee plase wat betaal is," het my pa gesê. "Vir wie het ek dit gekoop?"

Toe ek dít hoor, was my hart in twee geskeur. Ek het nie regtig omgegee om skaap te gaan oppas nie. Ek was al so gewoond daaraan. Maar ek wou ook nie graag my ma teleurstel nie.

"Vir wie het ek die plase gekoop?" het my pa weer gevra.

Bedoel hy ek sal nie een van die plase kry as ek verder gaan leer nie? het ek gewonder.

My ma het voet by stuk gehou. Ook maar goed want latere tweespalt tussen my en my pa oor politiek het veroorsaak dat ek nie gaan boer het nie. Hy het my gelukkig vroeg genoeg uit sy lewe verdryf dat ek universiteit toe kon gaan. Op eie houtjie.

My ma was altyd 'n skans tussen my pa aan die een kant en ek en Boetie aan die ander kant. Selfs toe ons al groot was.

In later jare het ek tog vir my pa se ongenaakbaarheid regverdiging probeer vind. Ek dink dit het begin met my moeder se vroeë dood. Dit moes amper die einde van die pad vir hom beteken het. Ek glo hy was wanhopig want hy is agtergelaat met drie kinders waarvan die oudste ses jaar en die babadogtertjie 13 maande was. Al was ek net vyf jaar oud, kan ek my ma se dood baie goed onthou. My pa was toe nog lief vir ons en ek kan nie onthou dat hy ons ooit geslaan het nie.

My ma se dood was vir hom 'n groot slag. Hy kyk na 'n vars graf, sien hoe sy kinders met 'n muilkar van hom af wegry na 'n plek meer as 100 myl daarvandaan en draai om na 'n leë huis toe. Dit het hom verbitterd gemaak en met 'n verwyt na Bo laat kyk. Ons het hom eers drie jaar later weer gesien. Dit het hom laat verhard, só dink ek. Ook ons hereniging was nie maklik nie.

Ivy het nog by ant Nellie gebly. Boetie en ek het ons intrek by my pa in 'n eenvertreksinkkaia geneem op grond wat my pa gehuur het. My pa moes self sy skape oppas. Soggens as ons ons pap geëet het en hy met die skape veld toe is, loop ons omtrent een en 'n halwe myl ver na Pretorius om skool te gaan. In die middag op pad terug van die skool af brand die sand ons kaal voete. By die kaia eet ons die koue pap wat vanoggend in die pot oorgebly het. Die sinkkaia is baie warm. Ons dwaal buite rond tot my pa vanaand met die skape terugkom. Hy dra lammers wat in die veld aangekom het. Hy is moeg. As hy die lammers weer vir die ooie gee – baie keer wil die ooie nie die lammers vat nie en moet hulle vasgemaak word – begin hy vuur maak en soek na iets in 'n blik of 'n kas om te kook.

Ons het nie dikwels geslag nie want die vleis het in die sinkkaia sommer gou sleg geword. Die kere as ons slag, krap my pa die skaapkop onder die warm as en kole toe voor hy veld toe gaan. Vanaand is dit sappig en sag. Solank die vleis goed bly, sit hy opkookvleis op 'n vuurtjie met 'n kameelboomstomp wat heeldag lê en smeul. As ons van die skool af kom, moet ons die stomp onder die pot inskuif. Vanaand maak my pa pap in die vleissous. Partykeer kry ons rys en vleissous. Dit was 'n lekkerny.

As ons klaar geëet het, gaan ons sonder 'n kers slaap want die muskiete kom na die lig toe. My pa bly sit by die vuur.

Tussen ons en my pa het nie 'n band gevorm nie. Ons omstandighede was te moeilik. Dit was 'n deel van my pa se gees wat Johanna Georgina Muller nie kon bereik nie.

Ek het baie liefde by my ma gekry. Sy het baie daarmee te doen gehad, indien nie alles nie, dat ek en my pa later tog ons verhouding gedeeltelik herstel het. Maar daar het baie verlore gegaan.

Toe ek op 17 Januarie 1952 mondig word, het ek my as lid laat registreer by die Nasionale Party op Mariental waar ek in Standard Bank gewerk het. Ek is hierin sterk beïnvloed deur oom Walter en tannie Ella Ferreira, ouers van skryfster Engemi Ferreira, wat toe nog 'n dogtertjie was vir wie ek Sondagskool gehou het. Die Ferreiras het 'n winkel op Mariental gehad en was gesiene mense.

Die dame wat in die NP-kantoor gewerk het, het belowe om nie met my lidmaatskap te koop te loop nie want my pa was 'n harde Smuts-man en sou baie ontevrede wees. Dit was in elk geval sekerlik te veel verwag want 'n jaar later het dit tog my pa se ore bereik. Ek was natuurlik salig onbewus daarvan.

Toe ek op 'n dag 'n oproep van my pa ontvang wat sê ek moet uit die bank bedank en plaas toe kom want hy het my nodig, was ek verheug. Ek wou graag boer.

Op die plaas aangekom, was ek geskok om uit te vind my pa het ander planne met my. Sommer die eerste aand het hy my voor 'n ultimatum gestel: Bedank uit die Nasionale Party en maak 'n verklaring daaroor in die *Suidwes-Afrikaner*, die Sap-koerant, of verlaat die plaas. Hy was amper onbeheerbaar woedend en het my daarvan beskuldig dat ek hom in die rug gesteek het.

Hy het sy bloed van my oupa, Petrus Jakobus Kotzé van Blaauwkrantz, Calvinia, gekry. Eie familie het gesê my oupa was die befoeterdste man in die hele kontrei. Daar was met hom geen huis te hou nie. Dit is hier van Blaauwkrantz af waar oom Kolie op sestienjarige ouderdom na die Boerekommando's toe weggeloop het om 'n Kaapse rebel te word. Die mense het gesê dit was om van sy pa af weg te kom. Oom Kolie was die oudste van my oupa se kinders.

Ek het 'n bietjie van my oupa Petrus se befoeterde bloed gekry. Van kommandant M.J. Janse van Rensburg (van moederskant) van Leeuboskuil, Leeudoringstad, het ek ook 'n bietjie daarvan gekry. Hy het teen die Engelse opgestaan en met sy kommando heroïese oorwinnings behaal. Hy is onder die hart deur geskiet maar het geweier om oor te gee sodat hy as krygsgevangene mediese behandeling kon ontvang. Sy kommando het hom op 'n skotskar saamgesleep. Hy het op wonderbaarlike wyse herstel en voortgeveg. Hy is nooit gevang nie en het aan die vredesamesprekinge by Vereeniging deelgeneem.

Hoe dit ook al sy, ek weier toe daardie aand om aan my pa se opdrag te voldoen.

My ma was verslae oor my onredelikheid. Sy het my nie tot ander insigte probeer bring nie maar my pa se kant gekies en vir my vertel hoeveel hartseer ek hulle aandoen. En dít na alles wat hulle vir my gedoen het. Hulle hét baie vir my gedoen. Veral sy. Maar die bietjie bloed wat ek van my oupa Petrus gekry het, het skielik in my are gebruis. Ek het geweier om my onredelikheid in te sien.

"En in ruil vir wat julle vir my gedoen het, het ek vir julle skaap opgepas en soos 'n slaaf op die werf gewerk!" het ek weerbarstig geantwoord.

Dié aand se gebeure het tot gevolg gehad dat die bande tussen my en my pa nooit na behore herstel kon word nie. Met my ma was dit egter anders. Daardie aand het sy na my kamer toe gekom en my op haar sagte, rustige manier probeer oortuig ek is verkeerd, ek moet na my pa luister en hom om verskoning gaan vra. Ek wou nie kopgee nie. Sy is verslae en hartseer uit my kamer weg.

Omdat ek nie vroeër 'n geleentheid kon kry om van die plaas af weg te kom nie, het ek twee dae later agter op 'n oop transportlorrie geklim. Net my ma was by die lorrie en sy het my met trane in haar oë gegroet.

My volgende besluite moes ek sonder my ma se raad neem. Ná 'n dag in die warm son oor die duine, was ek terug op Mariental. Ek was besluiteloos want ek het nie 'n werk gehad nie. Ek was te skaam om terug te gaan bank toe waar ek drie dae gelede almal gegroet het om nooit weer terug te kom nie.

Die laaste ding waaraan ek gedink het, was om verder te gaan studeer. Ek was dan al drie jaar uit die skool en het my eie geld verdien. Hoe sou ek sonder 'n salaris kon voortgaan? 'n Paar dae later het ek tog op die trein geklim om by die Universiteit van die Oranje-Vrystaat in Bloemfontein te gaan inskryf. Mari, die oudste Ferreira-dogter wat toe pas haar graad in Bloemfontein behaal het, het my sterk beïnvloed en ook leiding gegee. Sy het telefonies vir my die nodige reëlings by die universiteit getref.

My pa se laaste woorde daardie dag toe ek agterop die oop lorrie van die plaas af weg is, was: "Nie 'n pennie eendag uit my sak aan jou nie, gehoor! Jy is slegter as die Ovambo's op my werf! As ek vir hulle sê om 'n ding te doen, dan doen hulle dit!"

Kort nadat ek die vorige jaar mondig geword het, het ek my erfgeld met rente van die Meester af gekry. Die £100 het in 16 jaar teen 2½% rente 'n aardige bedrag van £147 en enige sjielings geword. Ek het dadelik vir my 50 jong bont ooie gekoop wat by Boetie se skaap geloop het. Swart ooie sou vir my te duur gewees het. Toe ek by die universiteit aankom, het ek Boetie gevra om my ooie en die aanteel te koop. Dit was 'n moeilike besluit om die skaap wat ek met my erfgeld gekoop het, van die hand te sit. Dit sou my hoop om eendag self te gaan boer, aan skerwe laat spat. Maar aan die ander kant het ek besef die breuk tussen my en my pa was finaal. Ek sou nooit weer op Wilheben agter 'n skaaptrop aanloop nie.

Boetie het toe al my skaap gekoop en my 'n goeie prys gegee want hy was al sterk genoeg om kontant te betaal. Intussen het ek darem ook 'n paar pond wat ek vir velletjies gekry het, gespaar. Só kon ek toe twee jaar voltyds studeer, waarna ek weer in die Standard Bank in Bloemfontein gaan werk het. My ma het gereeld geskryf en op haar manier die bande behou. My pa het nooit kontak met my gemaak nie maar het darem in die twee jaar dat ek voltyds gestudeer het by twee geleenthede 'n paar velletjies op my naam verkoop en die tjeks vir my gestuur. Ek glo dit was op my ma se aandrang.

My pa het die laaste 13 jaar van sy lewe in 'n rolstoel deurgebring. My ma het hom eiehandig tot die dag van sy dood versorg. Sy het dit met sagte hande en groot toewyding gedoen. Hy het 'n kleinerige gewas aan die brein gehad waaraan geopereer is. Toe hy 'n hele ruk ná die operasie nie wou bykom nie, is bevind dat hy bloeding in die wond opgedoen het wat die klein brein en rugmurg binnegedring het. 'n Paar uur later is 'n tweede operasie van etlike ure op hom gedoen. Daarna was hy 'n invalide. Hoewel aanvanklik baie onvergenoeg en feitlik onhanteerbaar omdat hy geglo het die spesialis het swak werk gedoen, het my pa in hierdie tyd baie inskiklik geword.

My ma is 'n paar maande voor haar ses en negentigste verjaarsdag oorlede. So mooi soos sy gelewe het, só het sy gesterf.

Ek was by haar toe Alwyn Muller van Kimberley, Alwyn Bierman van Bloemfontein en Ida Bruwer van Bellville (broers- en susterskinders) daar aangekom het. Sy was al baie swak maar het gesê sy wil vir ons 'n gebed doen. Toe hulle 'n rukkie later weg is, het ek haar hand vasgehou en gesê: "Ouma, ek is baie lief vir jou."

"Dankie, my kind. Jy en Alice is so goed vir my," het sy sag geantwoord. "Ek dank die Here vir julle."

Sy het haar oë toegemaak en haar lippe het geroer. Ek het geweet sy bid weer. Haar hand het erg gebewe.

Alice, Agnes en haar man Herman het kort daarna gekom. Hy is 'n mediese dokter op Clanwilliam en het vir ons gesê die einde is nie meer ver nie; miskien 'n paar uur. Dit was reeds middag en ons het besluit om ietsie te gaan eet en dadelik weer terug te kom. Die suster het belowe om by haar te bly.

Toe ons terugkom, was sy dood. 'n Groot kalmte het op haar gesig gelê.

Ek glo sy het aan die voete van Jesus 'n plek in die hemel gekry.

HOE ALICE DIE KALAHARI LIEFGEKRY HET

Alice en ek trou op 24 November 1956 in Bloemfontein, 'n dag nadat ek my honneurseksamen geskryf het. Ek was al langer as 'n maand werkloos want ek moes uit Standard Bank bedank omdat die hoofkantoor in Johannesburg geweier het om my verlof te gee dat ek kon eksamen skryf. Daardie dae het universiteitskwalifikasies niks vir die bank beteken nie, net 'n bankeksamen. Dit het vir my gevoel of hulle my ontslaan het.

My pa is hewig ontsteld oor die troue. Hoe kan 'n man wat sonder werk is, trou? Hy het nog nooit van so 'n onverantwoordelike ding gehoor nie! Dit is nie soos hy my grootgemaak het nie. Hoe kon Alice se ouers toestemming vir die troue gee? Hy en my ma kom nie troue toe nie.

Ek het Alice in die bank ontmoet waar ek saam met haar gewerk het.

Boetie kom met sy groen Chev-bakkie van Suidwes af om ons strooijonker te wees. Lionel Wilson, 'n jong boer in die duine daar naby hom, kom saam om hekke oop te maak. Hulle kom met die Auob-rivier langs, deur die Gemsbokpark, onder by Twee Riviere uit en al in die loop van die Kuruman-rivier langs, oor Askam en Vanzylsrus tot in Kuruman, waar die tweespoorgrondpad ophou en 'n grondpad met baie sinkplaat en slaggate tot in Kimberley loop waar daar vir die eerste keer teer is.

Boetie het 'n seer hand; blou en pers en dik geswel. Hy is

'n fris, sterk jong man maar die hand laat hom baie pyn verduur.

Op Kimberley vertoef hulle 'n dag of twee by ant Susan en oom Kwepie Baumgardt, my ma se suster en swaer. Oom Kwepie oorreed Boetie om X-straalplate van die hand te laat neem.

"Is dit nie baie seer nie, oom?" wil hy weet. "Die affêre is al reeds so seer. Ek sien nie kans vir nog pyn nie."

"Dit is glad nie seer nie. Jy sal nie eens daarvan weet nie. Dit is net 'n lig wat op jou hand val," verseker oom Kwepie hom.

Die plate word geneem. Tóé eers besef Boetie sy hand is gebreek. Die dokter sit sy hand tot onder die elmboog in gips.

"Dit is my hand wat gebreek is; nie my arm nie," protesteer hy.

"Ek maak die gips ekstra swaar," sê die dokter, "sodat jy nie gou weer jou hand vir iemand anders kan lig nie."

Daar kom hy toe in Bloemfontein aan met sy hele voorarm in 'n dik stuk gips. Sy pak se mou pas net-net oor die gips maar bars byna oop. Hy moet sy regterhand die hele tyd agter sy rug hou wanneer die foto's geneem word.

Ons trou in die Klipkerk van die Bloemfontein-Noord-gemeente waar ek lidmaat is. Ons het spesiaal vir doktor Antonie Koornhof, wat nie een van die gemeente se predikante is nie, gevra om ons in die eg te verbind. Hy is 'n kennis van my pahulle wat gereeld spesiale insamelings vir die kerk in Suidwes gaan doen. Selfs dít kon my pa nie beweeg om na ons troue toe te kom nie.

Dit is 'n heerlike troue. Met ons spaargeld gee ek en Alice 'n onthaal – 'n glasie sjampanje, ligte verversings en koffie – in die ou Ritz-teater skuins oorkant die bank waar ek eers gewerk het. Ons bankvriende laat ons nie in die steek nie. Hulle is almal daar. Die bestuurder, later hoofbestuurder van die

Vrystaat, meneer J.C. Jacobz, kom ook. Hy is 'n streng maar regverdige persoon en 'n waardige ouderling in die kerk waar ons getroud is. My professor en latere lid van die Presidentsraad, Herman Strauss, stel die heildronk op die bruidspaar in. Professor Gerhard J. Beukes en tannie Pattie is ook daar. Oom Willie van Heerden en tannie Anna ook. Oom Willie werk in die poskantoor. 'n Hele paar jaar later in hul huis – in die middernagtelike ure en ses weke voor die tyd – sou die ooievaar vir Alice met ons eersteling besoek en ons het dit ternouernood hospitaal toe gemaak.

Ons kuier tot amper sononder daar by die Ritz. Toe ry ek en Alice saam met Boetie en Lionel in die Chev-bakkie weg. Suidwes toe. Ons het nie geld vir 'n behoorlike wittebrood nie.

Al vier van ons sit voor; Alice op my skoot. Agterop die bak is Andersson, 'n student wat Gobabis toe wil gaan. Dit is verskriklik warm maar hy het 'n dik jas aan. Hy sê dit help teen die stof. Terwyl ek na Boetie kyk en glimlag, skud ek my kop ongelowig want ek weet hoe warm Andersson gaan kry. Hy is 'n stewige kêrel met 'n goeie lyf.

"Jy kan hom niks leer nie. Hy kom uit Gobabis. Hy weet hoe warm Suidwes hierdie tyd van die jaar is," sê Boetie.

Hulle laai ons by meneer Gauld se Boshof Hotel af. Ek het meneer Gauld toe al goed geken, want ek het in die hotel gebly toe ek vroeër die jaar 'n paar maande lank by die bank op Boshof afgelos het.

Die ander drie ry deur Kimberley toe om by oom Kwepie-hulle te gaan slaap. Boetie sal die volgende môre terugkom om ons te kom haal.

Andersson wil nie in Kimberley slaap nie. Hy wil verder. Dit is reeds nag en daar loop nie baie motors nie. Maar hy wil hom nie laat oorreed nie. Boetie moet hom buite die dorp gaan aflaai maar as hy môre nog daar staan as ons verbykom, moet ons hom oplaai.

Daardie nag in die Boshof Hotel vreet die muskiete vir my en Alice behoorlik uit die bed. Maar ons gee nie juis om nie.

Die volgende dag kry ons vir Andersson waar hy steeds anderkant Kimberley langs die pad staan. Hy is moeg, honger en gehawend. Ons gee vir hom die toebroodjies en koffie wat ant Susan vir ons vir die pad ingesit het. Die hoendervleis bêre ons vir die middag.

Anderkant Kuruman vergaan die wêreld van droogte. Dit is ondraaglik warm en die stof is dik. Dit lyk nie goed nie. Alice kla oor die sand wat by die vensters inwaai en vee aanhoudend haar gesig met 'n sakdoekie af. Ons kan nie die vensterruite toemaak nie want dan vergaan ons van die hitte.

Toe ons die middag anderkant Vanzylsrus by 'n valerige pannetjie stilhou en skadu onder 'n witgat kry, weet ek waarom Andersson sy jas vir die stof aangetrek het. Hy het seker al voorheen dié pad agterop 'n bakkie gery. Kuruman-rivier se vaal stof lê dik op hom. Dit lyk asof sy oogwimpers te stadig vir sy ooglede beweeg. Hy gaan skud sy jas 'n hele ent van ons af onderkant die wind uit. Hy en sy jas wat so woel, lyk soos twee kwaai bulle wat in die stof teen mekaar staan en baklei.

Toe ons verder ry, is dit éérs warm. Die hittegolwe slaan in alle rigtings van die grond af op. Met Alice op my skoot, klou ons klere aan ons en ek is jammer dat die fyn onderklere waarin ek haar die oggend in die hotelkamer gesien het, vir haar geen plesier kan gee nie. Ek weet dit is nie hoe sy haar 'n wittebrood voorgestel het nie. Sy kla nie meer oor die stof nie, ook nie oor die Kalahari se warm asem wat saam met die stof inkom en in ons gesigte blaas nie. Sy is stil. Ek ook, want ek moes haar dalk nie aan só 'n reis blootgestel het nie; nie vir 'n wittebrood nie …

'n Mens mag nie in die nag deur Gemsbokpark ry nie.

Ons het beplan om daar te gaan slaap. Die hek sou halfsewe toemaak maar ons het gemeen ons het genoeg tyd om dit te haal.

Toe tref die noodlot ons.

Laat die middag, anderkant Askam, bars een van die voorste bande. Dit is op 'n draai en aan die neus van 'n rantjie waar die pad met 'n wal van meer as 'n voet hoog weggesny is.

Al wat ons hoor, is die slag en Boetie wat skreeu: "Hou vas, kêrels! Hy is om!"

Skok en angs ruk deur my.

Die bakkie bars met 'n snork oor die wal en ploeg tussen graspolle en bossies deur, teen die skuinste van die rantjie uit.

Ons het so groot geskrik dat Alice nie eens kon gil nie. Daar was nie tyd nie. Die bakkie hang so skuins teen die rantjie dat ons al drie op 'n hoop teen Boetie lê.

Ons kom in 'n stofwolk tot stilstand. Die bakkie het gelukkig nie omgeval nie. Ons klim wit geskrik uit en almal is dit eens dat as dit nie vir Andersson se gewig was wat aan die bokant van die bak gelê het nie, sou ons omgeslaan het.

Later sou Alice vir my sê dat Boetie verskriklik sterk in sy arms moet wees. Met sy regterhand in gips het hy daardie bakkie net met sy linkerhand op sy wiele gehou!

Ons sukkel geweldig om die band af te kry want Boetie – wat die kuns verstaan om 'n staalring van 'n "rim" af te kry – kan glad nie sy regterhand gebruik nie. Ons moet 'n nuwe binneband insit. Bande van daardie grootte is met 'n staalring in posisie gehou.

Dit is Sondag. Die hele pad van Kuruman af kom ons nie 'n enkele voertuig teë nie. Maar terwyl ons met die band spook, kom daar onverwags 'n motor van voor af aan. Ons hoor hom dreun en sien die stofstreep. Die man agter die stuurwiel moes die bakkie skuins teen die rantjie sien hang het, soos 'n bosluis aan 'n maer hond se ribbekas. Hy ry stadiger. Maar toe hy sien hoe baie ons is, en ons wys nie hy moet stop nie, gee hy vet en gooi ons onder die stof toe.

"Verdomp!" sê Lionel, hoes en waai die stof voor sy gesig weg. "Waar is sy maniere? Kan hy nie sien hier is 'n vroumens by ons nie?"

"Sweerlik nie 'n Suidwester nie, want dan sou hy stilgehou het, al het ons hom nie gestop nie," sê Boetie.

Uiteindelik, ná 'n duiwelse gespook, is die binneband weer in. Almal is doodmoeg en dors. Ons drink die laaste water in die watersak; in Gemsbokpark kan ons die sak weer vol maak.

Maar sommer gou besef ons ons sal nie Gemsbokpark se hek voor toemaaktyd haal nie. Ons het te veel tyd verloor. Ons het ook nie meer kos nie. Ant Susan het gesê sy sit net genoeg hoendervleis in vir die middag, anders bederf dit in die hitte en maak ons siek. En met Andersson 'n ekstra mond, is die kos al met middagete verslind. Ons sou die aand in Gemsbokpark 'n stukkie vleis gekoop en gebraai het.

Teen skemeraand trek Boetie die bakkie uit die tweespoorpad en hou teen 'n plat duintjie stil. Hy het twee enkelbedmatrasse wat hy van Kimberley af saamgebring het, op die bakkie. Een haal hy af en sit dit langs die bakkie neer.

"Sussie, dit is die beste wittebroodsbed wat ek vir julle kan gee," sê hy doodernstig.

"Ek is bly ek hoef nie op die kaal grond te slaap nie, Boetie," antwoord Alice en ek is baie trots op haar daar in die skemer omdat sy nie 'n relletjie oor die kaal matras hier in die veld opskop nie. Dit is die rofste behandeling wat sy al ooit in haar lewe gekry het.

Boetie en Lionel sal voor in die bakkie sit en slaap en Andersson op die ander matras agterop die bak.

"En jy loer nie my broer en suster af nie," sê Boetie vir Andersson.

Alice staan die kaal matras op die rooi sand so en kyk en vra toe: "Maar wat van slange?"

"Ons hoop maar vir die beste," antwoord Boetie.

Alice gaan sit op die matras en trek haar skoene uit.

"Het jy nie vir my 'n bietjie water om my voete te was nie?" vra sy vir Boetie toe sy voel hoe vol sand haar voete is.

"Ou suster, ons het nie eens water om te drink nie." Hy is moeg. "Hoe wil jy nog voete was?"

"Ek het nog nooit in my lewe gaan slaap sonder om my behoorlik te was nie," sê sy gedemp in my rigting.

"Ek is jammer," fluister ek naby haar oor en vat sag aan haar hand.

Op die enkelmatras kan ek en Alice nie albei op ons rûe lê nie. Die matras is te smal. Sy draai op haar sy en lê met haar rug na my toe. Ek weet dit was 'n uitputtende dag vir haar. Ek kyk na die sterre; so helder soos stukke vuur wat daar hang. Sonder woorde bid ek: Here, moenie dat Alice die Kalahari haat nie.

Ek het nie eens 'n skaap in die Kalahari nie en besit nie eens 'n duim grond nie maar dit is asof die Kalahari mýne is. Dit is vir my verskriklik belangrik dat Alice die Kalahari liefkry. Ek wonder of sy gesien het hoe onbeskryflik mooi die Melkweg is, met nog sterre wat diep, diep agter in die hemelruim in wasigheid gehul is. En al lê ons teenmekaar, skuif ek stywer teen haar aan. Dit is ons tweede wittebroods-nag.

Van moegheid raak ek aan die slaap.

Dit voel vir my ek het pas aan die slaap geraak toe ek met 'n ruk wakker skrik.

Alice is besig om vervaard oor die matras te vee. In die effense lig van die sterre lyk dit vir my asof sy paniekerig is.

Ek is lam geskrik. My eerste gedagte is dat dit 'n slang is. Sy het juis vroeër oor die slange gevra.

"Wat is dit?"

"'n Gogga!" antwoord sy benoud.

"Waar?" Ek is enigsins verlig dat dit nie 'n slang is nie.

"Ek weet nie. Ek hoor hom hier onder my kop aan die matras krap."

"Suster, jy moet slaap!" sê Boetie voor uit die bakkie. "Dit is laat. Daar is môre 'n ver pad voor ons."

Ons gaan weer lê; sy op haar sy met haar gesig na my toe en ek met my arm beskermend om haar dun lyfie. Sy is nog nie eens 20 nie. Ek kan voel hoe sy bewe. Ons asem word één en bly tussen ons hang want daar is nie 'n luggie om dit weg te druk nie.

Ná 'n rukkie fluister sy: "Hy is nog hier. Ek hoor hoe krap hy."

Ek is verplig om op te staan en die sand aan haar kant van die matras bymekaar te krap en weg te skiet ten einde die gogga van haar af weg te kry.

Die volgende oggend met sonuit is ons deur Gemsbokpark se hek. Die reis van 75 myl na Mata-Mata, die boonste hek, móg nie minder as drie uur duur nie. Die vertrektyd is by Twee Riviere op jou permit aangeteken en as jy voor die bestemde tyd daar bo aankom, het jy 'n skrobbering gekry en is jy nie deurgelaat voor die drie uur verloop het nie.

Ons ry stadig; 25 myl per uur.

"Ons wil nie deur Le Riche aangesnouts word nie," sê Boetie. "Hy is nie elke man se maat nie, en as jy oor 'n jaar of so weer hier verbykom, dan onthou hy jou nog al die tyd."

Almal hou die mylmeter met valkoë dop.

Dit is Alice se eerste ondervinding van troppe springbokke, elande, blouwildebeeste en gemsbokke in die veld. Dit verskaf haar oneindige plesier. Boetie vertel van die diere se vermoë om in droogtetye te oorleef. Van gemsbokkommers en tsammas wat ná die reën so volop is dat daar maande lank genoeg water vir al die Kalahari se wildtroppe is en hulle nie van dors doodgaan nie.

Toe ons ons kom kry, is ons by Mata-Mata. Ons is verras dat die tyd so gou verby gegaan het. Ons het nie die snelheid oorskry nie en word dadelik deurgelaat.

Die hele dag ry ons in die Auob se bedding langs. Alice aanskou vir die eerste keer in haar lewe die wonder van springwater wat in helder strome uit dik pype loop. Sy was haar voete in 'n krip met blink, skoon water en laat dit deur die wind droogwaai terwyl ons vir haar wag. Dit is 'n snikhete middag maar daar by die water voel dit koel. Ons tap vars water in ons watersak.

Laat die middag laai ons vir Andersson op Stamprietfontein af. Boetie wys vir hom waar die pad is wat Kalkrand toe loop. Hy sal dáár weer die grootpad Windhoek toe kry. Hy lyk soos 'n boemelaar van al die stof. Ons het nie hoop dat hy gou 'n geleentheid sal kry nie. Hy sou moet begin loop. Dit is baie ver Kalkrand toe.

Daarna laai ons vir Lionel op hul plaas in die duine af. Ons neem byna weemoedig van hom afskeid. Ondanks die hitte en ongerief is daar 'n besondere band tussen ons gevestig.

Tussen die duine deur na Boetie se plaas toe is dit versengend warm en die wêreld is kaal.

"Ou Sussie, moenie die ou-ou ding van 'hier is niks' vir my sê nie," sê Boetie toe hy sien Alice is stil terwyl sy deur die motor se venster na die rooi sand sit en kyk. "Ons lewe maar so met hom saam as hy droog is." Hy kyk ook lank by die venster aan sy kant uit en sê toe: "Kyk na die kameelbome wat groen blare het. Hulle maak darem skaduwee vir die skaap as die son so warm is. Jy sal nie weet hoe dankbaar ons daaroor is nie."

Toe ons op Mullershoop kom en by die kraal verby na sy huis toe ry, staan daar twee karakoelooie in die kraal. Hy hou stil, klim deur die draad en tel die twee lammers op wat by hulle in die son lê. Van die bakkie af kan ons sien hulle is dood.

Hy skud sy kop, 'n frons tussen sy oë. Hy kyk op na die warm son in die helder blou lug en sê onderlangs iets maar ons kan nie hoor wat nie.

"Wat het gebeur?" vra Alice met 'n onderlip wat erg bewe toe Boetie in die bakkie terugklim. Sy wil ook sommer aan 't huile gaan want sy het skaars 'n dooie rot in haar lewe gesien. Ek dink sy is moeg en gespanne van die baie ry, hitte en stof.

"As jy so gou lus voel vir huil, ou sussie, sal jy in hierdie wêreld nog baie trane stort," sê hy afgetrokke. "Die son het hulle doodgebrand."

"Wie sê ek sal hiernatoe wíl terugkom om hier te kom huil?" vra sy asof in verset en kyk kraal toe.

Boetie kyk haar strak aan en sê ná 'n rukkie sag: "Toe maar, praat maar só met my. Die Kalahari sal sy eie pad met jou loop."

Sy antwoord nie, kyk net halfkoponderstebo na hom. Ek sien die emosie op haar gesig. Sy woorde het haar hartseer groter gemaak.

Dit is nie 'n goeie begin vir ons wittebrood in die Kalahari nie, besef ek. En ek wonder hoe sy ooit die Kalahari sal liefkry.

"Dit is eintlik nog nie lamtyd nie," sê Boetie. "Hierdie is maar 'n paar vóórlammers. Die Ovambo het natuurlik vanoggend die twee grootuierooie in die kraal toegemaak." Hy skud sy kop aanhoudend. "Pleks dat hy maar die twee ooie laat saamloop het en die lammers in die skadu gehou het. Dit is groot skade. Twee velletjies daarmee heen. 'n Lam wat doodgebrand het, se hare val af as jy die vel probeer was."

Alice en ek is stil. Wat kan ons sê?

By die huis steek hy 'n primus aan want dit sal te lank neem om die koolstoof aan die gang te kry vir koffiewater.

Terwyl die water kook, laai ons sy matrasse, 'n tas en 'n paar ander goed af wat hy vir die plaas in Kimberley gekoop het: krane vir dik pype, blikke verf, DDT-poeier, Double Bendix, 'n kannetjie dip vir bosluise.

Alice vee die koppies met 'n bont vadoek uit en sit dit reg. Boetie maak koffie.

"Jou eerste koppie koffie in die Kalahari; sonder melk," sê hy toe hy vir Alice hare gee. "Jy sal maar daaraan gewoond moet raak. In droogtetye het ons nie melk nie, maar darem suiker."

"Ek drink nie suiker nie."

"Dan is dit maar vrek bitter."

Sy vat die koffie.

'n Bietjie later vertrek ons op die laaste skof: ses myl oor die duine Wilheben toe.

Maandagmiddag, kort voor sononder, kom ons by my pa-hulle aan. Vir Alice was dit drie strawwe dae vandat sy haar die Saterdagoggend in Bloemfontein gereed begin maak het vir ons troue tot daar in die sitkamer op Wilheben.

My pa het vir my ma 'n mooi nuwe huis, modern vir daar-die tyd, laat bou. Badkamer met bad en stort, spoellatrine, 'n spens en 'n groot koeler op die agterstoep vir vleis, melk en groente. Daardie tyd was dit nogal duur en 'n prestasie om so 'n huis in die Kalahari te bou want die bouer moes alle mate-riaal 110 myl ver oor die duine Wilheben toe aanry.

My ma laat Alice sommer gou tuis voel.

Ons rus drie dae lank goed uit, in soverre die hitte en die besoeke van die familie en bure wat "Billie se vrou wil kom sien" dit toelaat. Elke dag kom hulle eers ná sononder daar aan en kuier tot laat in die nag. Elke aand is daar nuwe mense en teen die tyd dat hulle ry, kan Alice nie meer haar oë oophou nie.

Elke aand wanneer my ma twee of drie motors se ligte oor

die duin sien kom, sê sy vir Alice: "My kind, ek is jammer vir jou. Hier kom al weer mense aan."

Daar is nog 'n paar familiemense en ou bekendes vir wie ek Alice wil gaan wys. My pa leen sy donkergroen Fargo-bakkie met die swart kap vir ons. Waar die pad na familie toe te moeilik is omdat my bestuursvernuf oor die duine beperk is, ry Boetie saam met ons. Duin op en duin af met die twee spore wat deur die Kalahari na al die plase toe loop. En al is die Kalahari droog, geniet Alice dit. Sy kyk na die groot kameelbome met hulle groen blare.

En as ons daar by die huis in die kalke gaan loop, kyk sy na elke bos en wil sy van my weet wat die naam is, hoe die blomme lyk en of die diere dit vreet as dit blare het. Nou eers vind ek uit hoe lief sy vir die natuur is. Dit sou altyd so bly. Maar sy is bang vir die bloukopkoggelmanders en die akkedisse. Sy wil nie hê ek moet vir haar wys watter soort ons Turke noem nie. Hulle is swarter as die ander. Sy draai haar gesig weg en stap aan.

"Dit is aaklige goed," sê sy. "Vannag droom ek van hulle!"

"Droom liewer van my," terg ek.

Ons soen mekaar daar in die veld en dit voel asof ons in die hemel is.

Ons loop in die slote langs waar ek en Boetie as kinders walle met klippe moes pak. Die enkele sterk donderbuie wat party jare val, moes nie die slote verder verspoel nie.

Op die kant van party rantjies, en waar die ou huis nog staan, kyk ons na die rotstuine wat ons moes maak as my pa gemeen het ons is ledig. Party was eintlik net hope, klip wat opmekaar gegooi is. Ons loop deur die kamers van die ou huis wat nou as bergplek vir karakoelvelletjies, slagvelle, wol en kameelboompeule dien. Ek wys vir haar in watter kamer ek en Boetie geslaap het.

Hoe kan ek hier tussen die rommel, stof en spinnerakke vir

haar sê ek verlang na my kinderdae op Wilheben? En tog is dit op hierdie oomblik 'n drang wat van my besit neem.

Ons ry oor die duine na oom Jerry en ant Bettie toe al was hulle al by ons om te kom groet. Oom Jerry se kenmerkende glimlag is mooier as gewoonlik wanneer hy na Alice kyk.

"Ek kan sien julle is gelukkig," sê hy. "Hou dit so."

"Ons sal, oom," antwoord ek en kyk na Alice.

Sy glimlag.

Die pad na oom Wessel en ant Johanna toe loop nie oor duine nie maar deur die droë Nossob. Die diere wat elke dag kos gaan soek en saans terugkom water toe, het die breë rivieroewers se diep slik getrap tot fyn stof waarin jy enkeldiep wegsak. Gelukkig waai die noordewind nie want dan sou daar 'n verstikkende gordyn tussen Cleopatra en Wilheben gehang het.

In die middae wanneer ons gaan rus, sweet ons lywe se patrone op die lakens uit. Maar sodra ons opstaan, stap ons in die lou namiddag duin toe omdat Alice die bosse, klippe en veld wil sien. Ons stap kaalvoet op die rug van die duin en sak enkeldiep weg in die warm sand wat nou al genoeg afgekoel het en ons nie meer brand nie. Maar dit wek tog veraf herinneringe by my en ek verbeel my ek hoor ooie blêr wat na blylêlammers soek.

Ons kyk ver in die straat af na groot versamelvoëlneste wat aan reusekameelbome hang.

"Kyk na die kameelbome wat groen blare het," sê Alice afgetrokke. "Hulle gee skaduwee vir die skape as die son so warm is."

Ek voel trane in my oë opwel en kyk weg. Ek wil nie hê sy moet weet ek is geroer omdat sy Boetie se woorde aan haar herhaal nie want ek weet nou sy het die Kalahari aangeneem.

Ons gaan kuier 'n dag by Boetie. Alice kook vir ons 'n heerlike aandete op sy koolstoof. Dit is om dankie te sê vir alles wat hy vir ons op ons wittebrood gedoen het. Sy het huishoudkunde op skool gehad maar sy het ook baie by haar ma geleer.

Ons eet gesellig en romanties by die dowwe lig van 'n lantern – die lantern is die enigste lig wat ons het.

Toe dit tyd is om te gaan slaap, sê Boetie hy sal die volgende oggend brekfis maak, ek en Alice kan maar 'n bietjie laat lê. Sy wil nie daarvan hoor nie maar hy hou voet by stuk.

Brekfis is 'n verrassing. Die geur van die plat skywe vleis wat Boetie uit 'n vet skaapboud gesny en in 'n pan bo-op die stoof gebraai het, vul die hele kombuis toe ons die deur oopmaak.

"Kom sit," nooi hy met 'n ondeunde glimlag. "Ek is pas klaar." Hy haal roosterkoek wat hy op die stoof se plaat gebak het, uit die oond, asook 'n porseleinskottel. "Ek het vir ons vier en twintig hoendereiers gaargemaak," sê hy toe hy die skottel se deksel afhaal. "Sussie, jy sal vanoggend moet help opeet."

Alice lag want sy glo hom nie. Maar toe sy sien die skottel is vol ryk geel roereier, is sy merkbaar geskok.

"Wie gaan hierdie skottel roereier opeet?" vra sy totaal uit die veld geslaan.

"Mens kan nie 'n volstruiseier middeldeur maak nie," antwoord Boetie met dieselfde ondeunde glimlag.

"Volstruiseier!" roep Alice ontsteld uit. "Eet mens dit dan?"

"Dis nou vir jou 'n fyn kossie," antwoord Boetie baie ingenome. "'n 'Treat' vir uitsoekgaste."

"Ek eet dit nie!" roep Alice vol afkeer uit.

"Hoe kan jy sê jy eet dit nie? Het jy dit al geproe?" wil hy merkbaar teleurgesteld weet.

"Nee!"

"Proe dan net 'n bietjie," vra ek met soebat in my stem.

"Nee!"

"Eet jy hoendereiers?" wil Boetie weet.

"Dit is nie dieselfde nie."

"Natuurlik is dit dieselfde. Volstruiseier is net geuriger en ryker,"

"Dit ruik vir my e ... wild," sê Alice.

Om die dood kan ons haar nie oorreed om haar mond aan die volstruiseier te sit nie.

Ons tyd om terug te gaan Unie toe, breek heeltemal te gou aan.

Ek en Alice ry vir oulaas met die Fargo veld toe en klim op 'n hoë duin uit. Ons sien nie springbokke onder in die straat wei nie, ook nie swart karakoele wat in die blinkaargras loop nie want daar is niks. Net die droogte se spore op die rooi sand.

Ons hou hande vas en ek kyk ver in die onrustige, dynserige bloutes in wat verder as die horison lê. Die toekoms is wasig en onseker. Hoe sal 'n mens ooit weet wat hy met jou gaan maak?

Ek kyk na Alice wat oor die duine tuur. Daar is 'n sagte glimlag om haar mondhoeke. Elkeen se hart is op sy eie manier daar agter die bloutes vasgevang maar die stilte wat tussen ons lê, bevestig dat ons harte verenig is. Toe weet ek: As dít die toekoms is, loop ons pad tot ver anderkant daardie blou horison.

Ek kyk na die ondergaande son. Ons skaduwees strek dun en ver van ons af weg. Ek glimlag halfweemoedig en kom meteens agter hoe stil dit is. Asof selfs die natuur sy asem ophou vir hierdie oomblik van afskeid.

"Dit moet pragtig wees as die strate vol wuiwende gras staan en die duine groen is," sê Alice ná 'n rukkie sonder om na my te kyk. Sy tuur met die straat af. "Ek wens ek kan dit eendag in die reëntyd sien."

"Ons sal terugkom," sê ek.

NAWOORD

Watter groot nasie se god is so by hom
soos die Here ons God by ons is elke
keer as ons tot Hom bid?
– Deut. 4:7

Ons is ná ons wittebrood met die trein terug Bloemfontein toe. Op die trein deel Alice my mee dat my pa haar daar op die plaas eenkant geroep en gesê het hy wil nie oupa word voor hy 65 jaar oud is nie. Hy was toe 59. Ek het dit as intimidasie beskou want hy het seker gedink dat ek ná 'n maand se werkloosheid nie die volgende ses jaar of wat vir 'n vrou en kind sou kan sorg nie.

Omstreeks 1960, toe ek al twee jaar met my doktorsgraad besig was, het ek as arm staatsamptenaar 'n byeboerdery saam met 'n vriend begin. Ek het meer tyd daaraan bestee as aan my studie. Wanneer Alice met my daaroor praat, het ek gesê daar is nog jare tyd vir studie. Dit is toe dat sy gesê het: "Daar sal geen kinders wees voor jy nie jou doktorsgraad het nie. Verkoop die spul bye. Al wat hulle doen, is om naweke jou oë dik te steek."

Die D.Phil. (Staatsleer) is in Maart 1962 aan my toegeken. Arie is op 9 April gebore en op 9 Mei van dieselfde jaar het my pa 65 geword. Ek het my aandeel in die byeboerdery aan my vriend verkoop. Ek het 'n goeie werk gehad: private sekretaris van die administrateur van die Oranje-Vrystaat, J.W. (Sand) du Plessis. Só is in die jaar 1962 aan almal se wense voldoen. My pa het vir my 'n tjek van R1 000 gegee as blyk van erkenning dat ek dit so ver in die lewe gebring het ...

Tydens die meer as 46 jaar van ons baie gelukkige huwelik het Alice die Kalahari al verskeie kere in al sy prag ná die reën gesien, en in tye van droogte, want ons het in dié tyd gereeld teruggekeer na die kontrei waar ons die wonderlikste wittebrood in die wêreld gehad het.

Ons oudste seun het my pa se naam gekry: Arie Willem Daniel. Om hom op Aranos te gaan doop, het ons van Bloemfontein af met die trein tot op Mariental gereis. Die drie dae en twee nagte was 'n lang reis vir so 'n klein babatjie. Vir ons ook! Omdat Alice net susters gehad het, het die tweede seun ook haar pa se van as naam gekry: Hendrik Bruyns Kotzé.

Arie en Hendrik is albei gegradueer en is betrokke in die wêreld van inligtingstegnologie en besigheidskonsultasie. Arie is mede-eienaar en direkteur van 'n maatskappy in Pretoria en Hendrik is 'n spesialis in die inligtingstegnologiewêreld. Hy en sy gesin woon in San Francisco.

My pa is in 1981 op drie en tagtigjarige leeftyd in die Kaap, waar hulle toe reeds tien jaar gewoon het, oorlede en veras. My ma het sy as in 'n roostuin in Maitland-kerkhof gestrooi. Dit is tog snaaks dat ek eers jare later daaraan gedink het dat ons sy as op Wilheben in die Kalahari kon gaan uitstrooi het. Hy het per slot van rekening Wilheben gekoop en 'n aandeel daarin gehad dat die plaas in ons familie gebly het deur dit aan Boetie te verkoop. Daarvoor, en ook vir my Kalahari-opvoeding, eer ek sy nagedagtenis.

My liewe broer is op 3 Maart 1996, twee weke ná sy ses en sestigste verjaardag, hier by ons in die Kaap waar ons sedert 1992 woon, aan 'n hartaanval oorlede en is op Aranos begrawe. Hy was 'n anker in ons familie. As Roger Whittaker "my brother was a poet and a very special kind of man" sing, dink ek met heimwee aan my broer. Al was hy nie 'n digter nie, was hy 'n baie spesiale persoon. Ek mis hom baie. Hy was hoofouderling van Aranos se NG gemeente toe hy dood is. Die monumente wat hy agtergelaat het, staan in die harte van die baie mense wat hom geken het. 'n Menigte het van heinde en verre gekom – van Upington tot Windhoek – om sy begrafnis op Aranos by te woon. Onder hulle was 'n aantal predikante; hy het elke predikant wat in sy leeftyd Aranos toe beroep is, ondersteun. Hy het veral die kerk se sendingaksie op die hart gedra.

Neef Pieter van oom Wessel en ant Johanna, daar langsaan op Cleopatra, is in sy plek tot hoofouderling verkies.

Ek en Alice het die voorreg gehad om Europa en Amerika saam te besoek. Ek was in die Ooste en in Suid-Amerika, maar van my mooiste herinneringe aan ver plekke is dié aan die Kalahari waar ek en Alice telkens ons eerste spore gaan ooptrap. Die dynserige bloutes van weleer wat verder as die horison lê, is nog daar. Ons spore is reeds ver anderkant daardie horison verby, op pad na 'n nuwe een waarheen die lag van vier pragtige kleindogtertjies ons steeds lei.

In my kinderdae in die Kalahari het ek nooit gedroom van ver en groot dinge nie. Ek het ook nie gewens ek kan weggaan om iets na te jaag of te verwesenlik nie. Miskien was dit omdat my leefruimte beperk was tot die duine van die Kalahari en Arahoab toe en terug op 'n skooldonkie se rug. Daar was nie tyd vir drome nie. Dit was altyd net 'n stryd teen die son, teen hitte en teen dors. En tog het ek nie ingeperk gevoel soos 'n mot wat uit 'n kokon moet bars nie. Ek was vry soos 'n swaeltjie maar ek wou nie soos 'n swaeltjie in die winter weggaan en eers in die somer terugkom nie. Ek wou net daar tussen die duine bly. Só het dit gevoel.

Vandag weet ek verseker dat hierdie vier kleindogtertjies die vervulling is van 'n ou man se drome wat hy nooit as kind gehad het nie. Hierdie vier se vrolike lag is selfs aangenamer as die herinnering aan die enkele blomjare van die Kalahari wat ek in my gedagtes bewaar.

40 jaar ná die eerste keer het Alice en ek weer by die Boshof Hotel aangedoen. Wat 'n teleurstelling! Ons het teësinnig in die verwaarloosde sitkamer gaan sit en later maar gery toe die koffie wat ons bestel het, nie kom nie.

Dat ek niks van my pa geërf het nie, was nie 'n skade nie. Ek het veel meer geërf as wat sy boedel ooit kon oplewer: die rykdom van die Kalahari self. Daarin het hy tog 'n wesenlike rol gespeel waarvoor ek hom baie dankbaar is.

Al het ek Hom gedaag om uit te kom sodat ek Hom kon sien toe Káia dood is, is die Kalahari steeds die plek waar die Here die naaste aan my is.

Dit is Alice wat my aangemoedig het om oor die Kalahari te skryf.

Dankie, Alice.